四季のジャムと甘煮

保存食づくりは楽しい作業です。

果実や野菜を、砂糖で甘く煮たり、漬けたりする保存食には、ジャム、ジェリー、マーマレード、フルーツバター（本書の中では、レモンカード、パイナップルハネー、アップルバター、マロンバターなど）、コンポート（シロップ漬け）、甘露煮、果実酒などがあります。濃厚な砂糖液は微生物の繁殖を抑えこむので、ものが腐敗しにくくなります。この砂糖の性質を利用して、欧米では古くから野山で摘んだベリー類や果物を加工し、瓶に詰めて保存、一年間料理にお菓子にと大切に使い回して食卓を豊かに彩ってきました。パンにジャムをぬったり、紅茶に砂糖を入れたり、朝食時に甘いものを少量摂る習慣、一かけのチョコレートで疲れを回復、食後に欲しくなる甘味、これらはすべて砂糖のもたらす効きめをからだが知っていて、本能的に要求しているのでしょう。砂糖は、脳が活発に働いたり、力が湧いてくるなど、からだにとってよい生理的な役割をはたします。摂りすぎはよくありませんが、効果的な摂取は必要です。

四季を通じて内外の生産物が入手できる現代では、砂糖を使った果物や野菜の甘煮は、なくてはならない保存食というより、むしろ嗜好品や、食事やお茶に添える甘味としてとらえられているかもしれません。けれども、自家生産の果実類が身近にあり、容易に、沢山、しかも安価に手に入れることができる方もおられます。庭に梅の木が、柚子や夏みかんの木がある、苺やブルーベリーを栽培しているなど、自然の恩恵を豊かに受け、生活を楽しんでいらっしゃる方も多いようです。

自分で加工したものは、不必要な添加物を加えなくてすみますし、味も色も自然のままですから、安心して食べられる上、なんといってもそのおいしさに満足します。この本では、甘煮のつくり方だけでなく、それらを使ったお菓子や料理も併せて紹介しました。

また、同じジャムでも甘煮でも、それぞれの方のつくり方があり、これ一つだけをというわけにはいかず、何通りか載せたものもあります。初めての方は、何度か試されて、ご自分に合った味と方法を見つけてください。旬が失われ、忘れられてしまいがちな今、四季折々に店頭に姿をみせる果実や野菜を、賢く生活にとり入れ、楽しんで食卓にのせられたらと思います。

つくり過ぎず、食べ過ぎず、けれど食材を無駄なく使うために、少しの手間と時間をかけて〝わが家の甘煮〟をおつくりください。

婦人之友社編集部

目次

オールシーズン

●材料にことわりがないものは、1単位（つくりやすい分量）の分量です。
●カップ1杯は200cc、大匙1杯は15cc、小匙1杯は5ccです。

果物や野菜で甘煮をつくるとき

川端晶子
（農学博士・東京農業大学名誉教授）

果物　その魅力と栄養

私たちは、身近なりんごから熱帯産のマンゴーまで、世界中から集まったみずみずしい果物を数多く入手することができます。それらは色、香り、味、食感がすばらしく、私たちの好奇心と食欲をそそり、生食はもちろん、ジャムや甘煮（コンポート）に加工して、朝食、デザート、お菓子などに広く利用されています。

果物、ときには野菜の甘煮をホームメイドにする魅力は、なによりもフルーツのフレッシュ感が味わえることでしょう。ジャム類の栄養成分では、糖類、原料の果物がもっているミネラル、有機酸、食物繊維、また各種機能性成分が健康に役立ちます。

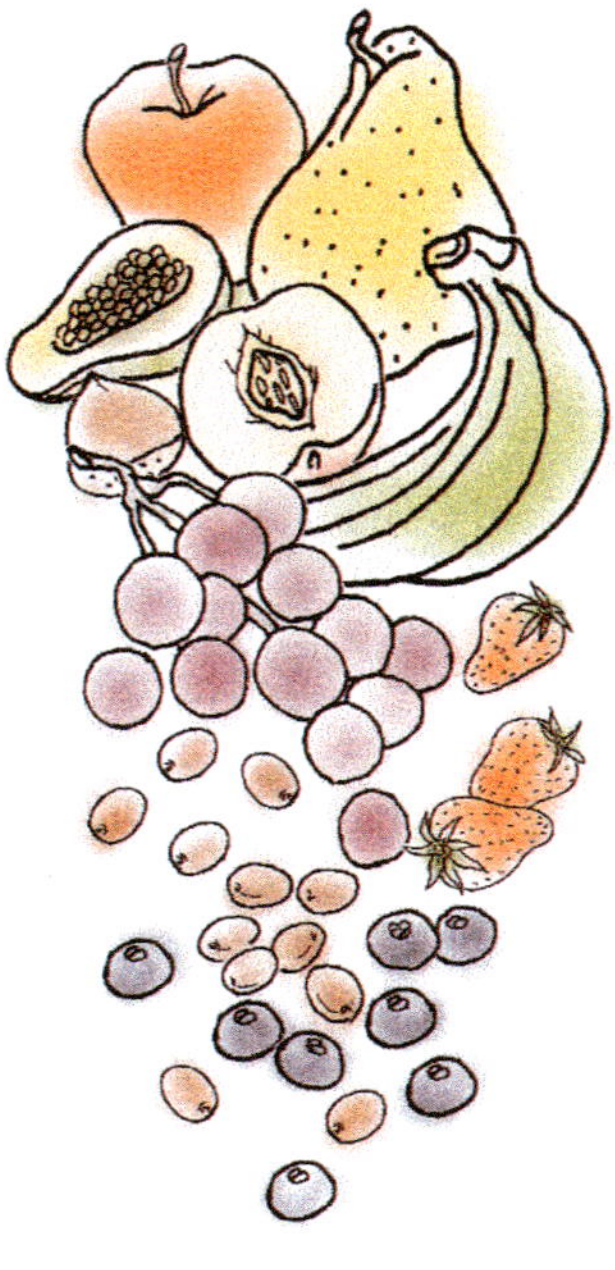

ジャムやコンポートにすることの効果

ジャムやコンポートはもともと北欧の家庭でつくられていた、野生の果実を砂糖で煮つめた越冬食品です。19世紀初頭にフランスで発明された缶詰や瓶詰という保存法によって、画期的な発展をとげました。

個性ある素材のもち味を楽しむことができ、保存性が高いことから、日本ではとくにパン食や洋菓子とともに急速に普及しました。

ジャムの種類

一般にジャムといわれるものは、大きく分けるとジャム、ジェリー、マーマレードです。ジャムは果肉に砂糖を加えて煮つめたもの、

ジェリーは果汁に砂糖を加えて煮つめたもの、マーマレードは柑橘類を煮出したペクチン液の中で皮と実を煮つめたものです。

ジャムという語は、押しつぶす、詰めこむという言葉に由来するといわれています。ジャムは果肉パルプや果汁に糖類を加えて加熱し、ゲル状にしたものですが、果物を煮つめる過程で、ペクチン、糖、酸のバランスをよくとることが、ジャム本来の理想的なゼリー状をつくる必須条件です。この条件をみたせば、ほとんど全ての果物、野菜で多様なジャムをつくることができます。

ジェリー（Jerry）は、日本ではゼリーともいい、同じものですが、この本では液状に近いものはジェリーと表し、ゼラチンで固めて固体となったものをゼリー（ぶどうのひと口ゼリー・ざくろのゼリー・ゴーヤーのゼリーなど）としました。

コンポートとは

果物のシロップ煮、またはシロップ漬けです。桃、びわ、プラム、杏、いちじく、洋梨、りんごなどでつくります。

簡単にいえば、1ℓの水と500gのグラニュー糖でつくったシロップの中で、皮をむいた果物とレモンの輪切り数枚を入れて弱火で煮(水の半量をワインに代えてもよい)、香りづけに好みのリキュールを加え、シロップにつけたまま冷ましたものです。このまま冷やしておけばデザートになりますが、保存したいときは、シロップを半量に煮つめた中に果物をもどし、煮沸した瓶に入れます。

ジャムと甘煮づくりのポイント

新鮮でちょうどよく熟した素材を使います。ジャムや甘煮、果実酒類をおいしく上手につくるには、まず素材が新しく、ほどよく熟していることが必要です（ただし、煮梅や梅酒のように未熟の青梅を使ってつくるものは例外ですが）。

沢山収穫ができたときや、産地から採れたてを送っていただいて、全部生では食べきれないときなどは、傷ませてしまう前に加工してもう一つの楽しみを増やしましょう。

特に果皮を使うものは、農薬などの心配のない素材を入手するように心がけることは、いうまでもないことでしょう。

砂糖の種類は？

ジャム類や甘煮類に使う砂糖はどんな種類でもよいのですが、ざらめ糖系の純度の高いグラニュー糖で煮た方が、色も艶もきれいに仕上がります。最近はミネラルを多く含んでいるという理由で、黒砂糖や赤砂糖を、煮もの

にもお菓子にも使う方がふえているようです。でき上がりの色には多少影響がありますが、味に独特のこくがでます。どの砂糖を使うかは各人のお好みでどうぞ。砂糖の性質・効用については98頁もご覧ください。

鍋の材質は?

ほうろうかステンレス製など、酸に影響されない材質のものを使います。ジャムをつくるときは、口径の広いやや浅めの鍋の方が水分を適度にとばすことができ、効果的です。焦げつかせないためにも厚手のものを使ってください。また、煮るものの量と鍋のサイズとのバランスも大切。少量なら小さい鍋で。

その他、必要な器具は、秤、木べら、玉じゃくし(スプーン)、ボウル、そして保存瓶、トングまたは菜箸（煮沸のとき保存瓶をつかむため）です。

ジャムを煮つめる時間は短く火加減は強めで

ジャムはやや強い位の火加減で、短時間で仕上げます。煮つめる時間を長くすればするほど、果実の風味をそこねます。時間は、果実の水分、つくる量、火加減、鍋によっても異なりますが、材料1キロならおよそ20分位で十分でしょう。とろ火で気長に煮ていると、煮つまりすぎて固いジャムになってしまいます。焦げつかないように、木べらでときどき底をこするようにかき混ぜることも忘れずに。

あくはまめにとる

あくの処置はジャムのでき栄えに大きく関わります。材料の入った鍋を強火にかけてしばらくすると、果物の水分が出、泡とともにあくが沢山浮いてきます。ここで手をぬかずに、ていねいにあくをすくいとります（いったん火を弱めるととりやすい）。鍋のそばに水をはったボウルをおいて、あくをすくっては玉じゃくしを水につけて洗い、こまめにとり除きます。

少量煮るときなら、17頁のように、火からおろした後で、あくをとる方法でも大丈夫です。

ジャムのとろみ

とろっとした煮汁が適度にあるのがおいしいジャムです。初心者のうちは、どうしても、まだ煮汁がたっぷりあるからと煮つめ過ぎ、冷めてしまったときにカチカチのジャムにしてしまいがちですが、左頁の図のような方法で、とろみの加減をテストすることができますので、知っておくとよいでしょう。何度もつくるうちに、鍋の中の素材がどんな状態のときに火を止めれば、冷めたときちょうどよ

ジャムのとろみのテスト法

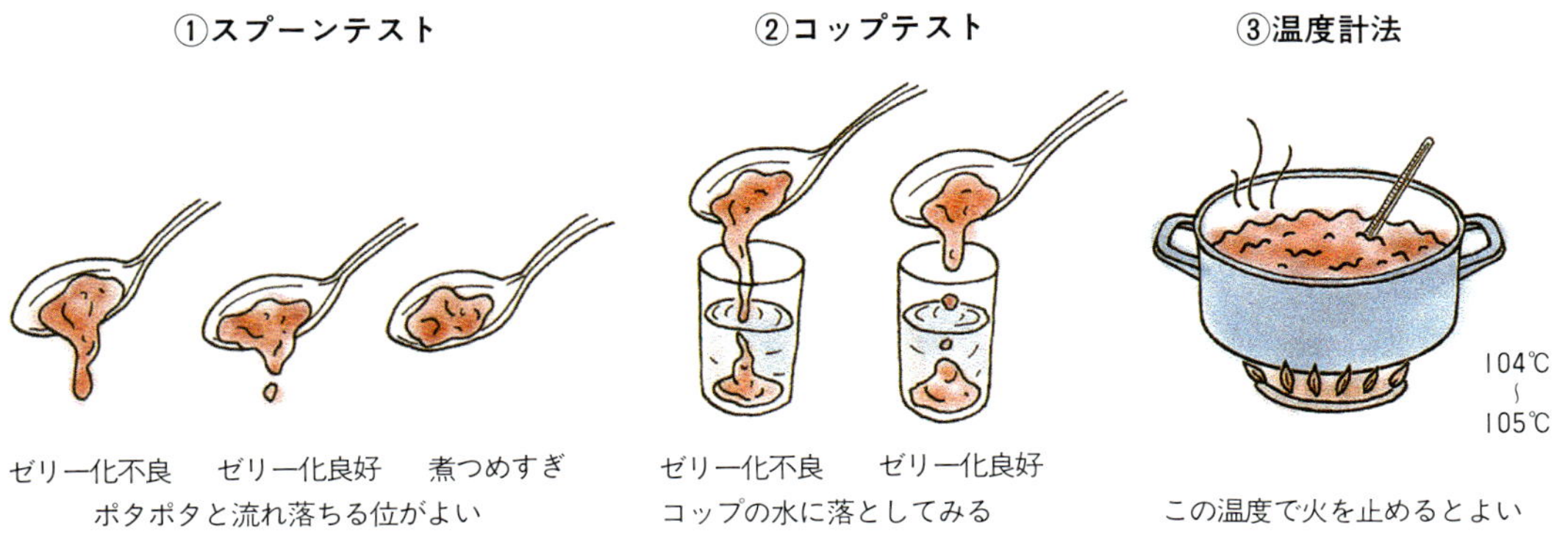

ポタポタと流れ落ちる位がよい

コップの水に落としてみる
この温度で火を止めるとよい

いとろみになるかが分かってきます。

とろみの素はペクチン＋酸＋砂糖

ほとんどの果実にはペクチンが含まれています。ペクチンは、果実が未熟なときは果実の堅い組織をつくる成分として働いていますが、完熟すると水に溶け、前述のように、これが酸と砂糖とバランスよくまざり合って加熱されるとゼリー化し、とろみがつきます。砂糖とペクチンと糖度・ペクチンと酸については98頁も併せてお読みください。

保存期間のこと

よく「これはどのくらい保《も》ちますか？」ときかれますが、それはきっと、でき上がったジャムや甘煮を簡単な容器に入れて、何日間保存できるかという質問かと思います。これに対する答えはたいへん難しく、一概には申せません。それは、何パーセントの砂糖で煮たのかにもよりますし、どんな材質のどんな機能（蓋の密閉度など）の容器に詰めてあるのか、常温においてあるのか、冷蔵庫に入れてあるのかなど、おかれている状況によって異なるからです。

かつては素材と同量の砂糖で煮ていた時代もありましたが、今はほとんどが低糖（素材の重さの40～60％の砂糖）でつくりますから、湿度の高い日本で簡単な容器に詰めて常温においたのでは、あっという間に黴（かび）が発生してしまいます。

保存の仕方

2～3回で食べてしまう位少量のジャムや甘煮なら、きれいに洗って日に当てて乾かした蓋付き容器を、ホワイトリカーですすいでから（または食品用アルコールで拭く）甘煮類を詰めて、冷蔵庫に入れるだけでもよいでしょう。

もし500g以上のジャムや甘煮をつくるのでしたら、せっかく心をこめ、手間をかけるのですから、ぜひ煮沸殺菌したガラス容器に詰めてください。後の頁でご紹介する一番やさしい「熱い瓶に熱いジャムを」詰める方法でも、ちゃんとした手順をふめば、半年～1年以上は常温で保ちます。家庭でしばらくの期間、旬の味を楽しみたいという程度なら、これで十分。次の季節がめぐってくる前には食べきってしまわないと、結局飽きてしまい、いつまでも戸棚や冷蔵庫の中にしまいっ放しということになってしまいます。つくるときから適量を心がけ、なるべく短期間で食べきりましょう。

さらに完璧な保存をしたいという方は、煮沸殺菌した瓶に詰めた後、別項で紹介する脱気

殺菌をすれば、もっと安心です。ここまですれば、山菜の水煮などの、砂糖を使わない、かなりの薄味のものも保存できます。

また、フリージングで保存することもよいでしょう。小分けしてフリーザーパックに入れ、内容と日付を書いて冷凍します。砂糖を含んでいるので、固く凍らず、とり出して常温におけばすぐ食べられます。

瓶の種類は

保存瓶は何通りかのタイプのものが市販されていますが、家にある空き瓶でかまいません。条件としては、蓋が密閉でき、瓶も蓋も煮沸できるもの、ということです。手持ちの空き瓶を使う場合はパッキング（蓋の内側に流し込んである）がきいているかどうかを確かめて下さい。あまり古くなった瓶は避けましょう。最近はポンプで脱気できる瓶も出回り始めました。

また、大きな瓶に詰めると、蓋を開けてから食べきるまでに時間がかかりますので、なるべく小ぶりの瓶に入れ、回転を早くした方がよいでしょう。毎年新しい素材でつくり代える方がおいしくいただけます。

＊瓶によっては煮沸、電子レンジ、オーブン、冷凍庫への使用ができないものがあります。瓶についている説明書でよく確認して下さい。

上の写真の瓶は二重ねじ蓋式・ネーブル瓶・ツイスト瓶・留め金式（ゴム製パッキングつき）などです。

簡単な瓶詰法
熱い瓶に熱いジャムを

つくるだけはしても、しばらく時間がたってから容器に詰めるのでは、雑菌がついて傷みやすくなります。瓶に詰める準備も並行してしましょう。

甘煮やジャムをつくっている傍らで瓶を煮沸します（写真）。空き瓶を用意して洗剤でよく洗い、蓋やスプーンやトング、菜箸（瓶をとり出す）なども一緒に鍋に入れ、かぶる位の水で火にかけ、ぐらぐらと10～15分沸騰させます。

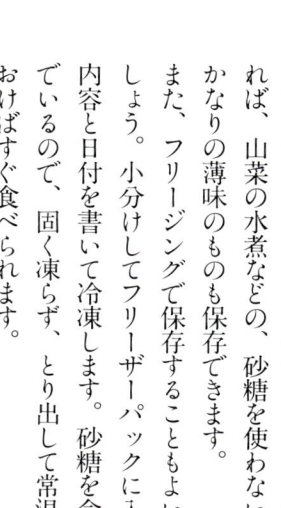

ジャムができ上がったら、素早く、やけどをしないように気をつけながら、瓶を布巾の上にとり出し、スプーンで熱い甘煮やジャムを瓶に詰めていきます。口元すれすれまで詰めたら蓋をのせ、かるくねじって閉め、ひと呼吸してキュッと閉め、布巾の上に逆さまにして、冷めるまでおきます。冷めると中身が収縮しますので、これだけでかなり完全に近い密閉ができます。

煮沸した瓶を空気中に長くさらすのは殺菌効果が半減しますから、すぐできないときは、

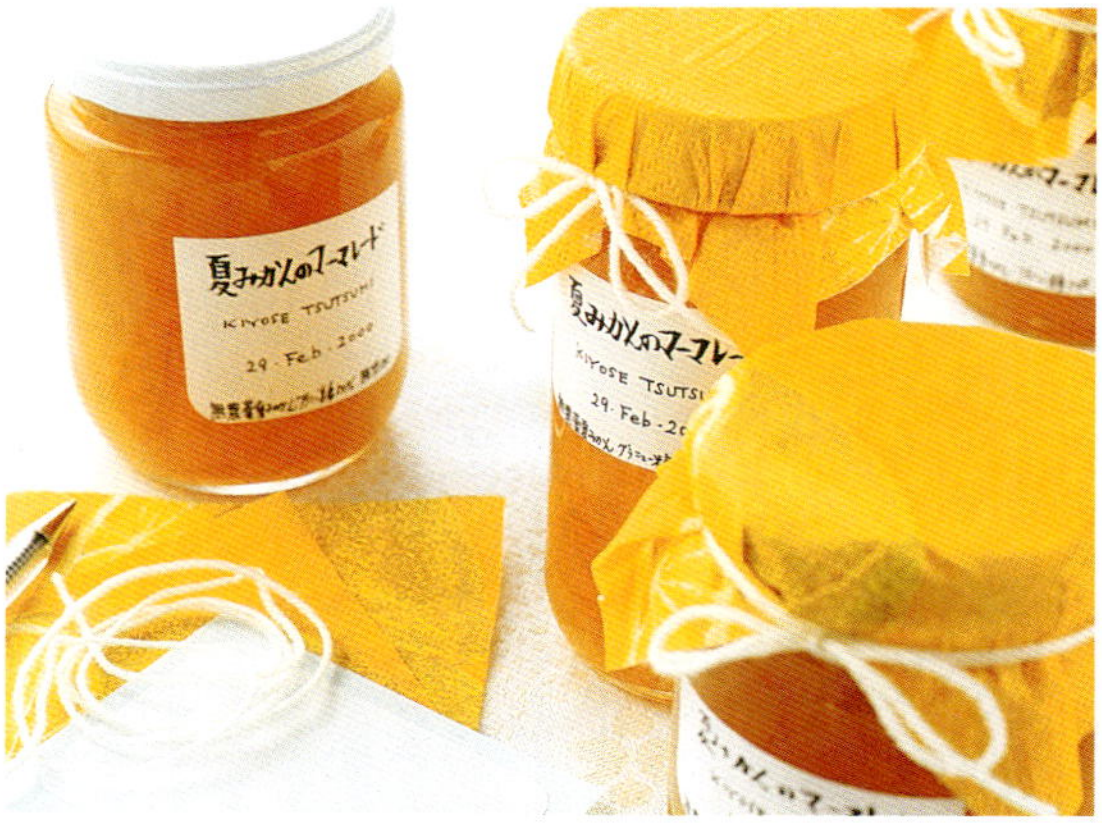

湯の中に浸けておくか、とり出したものは布巾にふせておきます。

内容名と日付入りのラベルを貼ってでき上がりです(写真)。常温で大丈夫ですが、いったん蓋を開けたら、保存は冷蔵庫で。早い内に食べきります。

脱気殺菌の仕方

蒸し器、または普通の鍋でもできます。

①熱い瓶に中身を詰めたら(脱気をするなら、あまり口元までいっぱいに詰めないこと。上を2センチほどあけておく)、蓋をかるくのせ、蒸し器の中敷きに並べ、水(瓶が熱いときは湯)は中敷きより上、瓶の1/3までつかる位入れて蒸し器の蓋をし、蒸気が上がってから熱い瓶なら5分、冷めた瓶なら10～15分加熱殺菌します。湯が沸騰して蒸気が出ると、瓶の中の空気と蒸気が入れ替わり、瓶の中が真空になります。

②脱気が終わったら、熱いうちにすぐ蓋を閉めます。

③蒸し器の水を補って火にかけ、鍋蓋をして、再び同じ位の時間殺菌します。

④殺菌がすんだら、今度はなるべく早く冷ましますが、いきなり冷水にとると瓶が割れるので、まずはぬるま湯につけ、水に移して徐々に冷まします。

⑤水けを拭きとり、ラベルを貼って、涼しく、日の当たらない場所に保存します。

電子レンジでの殺菌は?

蓋が電子レンジ対応の容器なら、殺菌が可能です。

電子レンジでの殺菌が完全なのは、外から伝わる熱でなく、電波が直接食品自身に熱をおこさせ、食品の中からも、外からも同時に加熱するためです。

①洗った瓶に1/3ほど水を入れ、蓋をかるくのせて、水がぐらぐらと煮立つまでレンジにかけると、のせておいた蓋の内側まで殺菌されます。

②瓶の湯を流し、熱いジャム類をスプーンで詰めます(ジャム類が冷めていたら、耐熱容器に移してかるく蓋をのせ、レンジで温めます)。詰める分量は、再加熱のときの吹きこぼれを防ぐため、七分目までにします。

③瓶に詰めたものと残ったジャム類を一緒にレンジに入れ、グツグツ煮えるまで熱くします。

④殺菌し終わったジャム類を瓶の口元まで詰め、蓋を閉めます。冷めてから、もう一度蓋をきつく閉めます。

*この頁の殆どは、川端晶子氏の執筆ですが、そのほか部分的に浜明子氏や甘煮づくりの経験者にもお話を伺いました。

ジャムと甘煮の歳時記

（産地によって出回る時期はこの限りでないもの、また収穫後、時期をずらして出荷されるものもあります）

1月	きんかん	ジャム　甘煮　砂糖漬け
2月	甘夏	マーマレード
3月	伊予柑	ピール
	ネーブルオレンジ	マーマレード
	レモン	マーマレード　レモンカード　レモンチェッロ
4月	苺	ジャム　シロップ　ソース
	夏みかん	マーマレード　夏みかん酒
5月	チェリー	ジャム　シロップ　ソース
	ばら	ジャム　ばら酒
6月	梅	ジャム　煮梅　シロップ　砂糖漬け　梅酒 梅肉エキス
	杏	ジャム　シロップ漬け
	びわ	コンポート　びわの葉酒　びわ酒
	ルバーブ	ジャム
	ラズベリー	ジャム
7月	プラム	ジャム　プラム酒
	プルーン	ジャム
	レッドカーラント	シロップ　ジェリー
	しそ	ジュース　しそ酒
	西瓜	ジャム
	セロリ	ジャム
8月	桃	コンポート　ジャム　甘煮
	ブルーベリー	ジャム
	トマト	ジャム
	ゴーヤー	ジュース
9月	ぶどう	ジャム　ジェリー　ジュース　シロップ漬け
	いちじく	ジャム　甘煮　コンポート
	梨	シロップ漬け
10月	洋梨	ワイン煮　シロップ煮
	栗	渋皮煮　甘露煮　シロップ漬け　ペースト マロンバター
	ざくろ	シロップ
	柿	シロップ漬け　ペースト
	南瓜	ペースト　ジャム
11月	りんご	ジャム　甘煮　コンポート　ジェリー　ソース アップルバター　チャツネ　フルーツ漬け
	マルメロ・花梨	ジャム　花梨酒
	クランベリー	シロップ　ジャム　ソース
	さつま芋	ペースト
	キウイフルーツ	ジャム　甘煮　キウイ酒
12月	柚子	マーマレード　ジャム　砂糖漬け　シロップ漬け
	人参	ジャム
	晩白柚	ピール
オールシーズン	胡麻	ペースト　甘いバター
	パイナップル	パイナップルハネー　ジャム
	バナナ	ジャム
	パパイア	ピュレ
	ピーナッツ	ペースト　ピーナッツバター
	干し杏	ジャム　ワイン煮
	干しプルーン	ワイン煮　レモン煮
	マンゴー	チャツネ

春

苺に夏みかん、ビタミンCたっぷりの果物から始まる春の甘煮仕事。
キッチンにただよう甘酸っぱい香りが爽やかです。
今年もまた幸せな時間に出会えた喜びをかみしめて。

苺

最近では冬から早々と出荷されている苺ですが、にぎやかに店頭を彩るのは春。大粒のものは生食で、小粒でよく熟れたものや露地ものはジャム、シロップ、ソースなどに加工して色と香りを楽しみましょう。

苺ジャム

短時間ででき、誰にも好まれる苺ジャム。刻んだり、あくぬきをする必要もないので、初心者にもやさしくつくれます。

粒のまま煮上げるプリザーブスタイルと、つぶして煮るピュレタイプがあります。

きれいに仕上げるこつは、強めの火加減で一気に煮ることと、あくをていねいにとることです。

粒のかたちを残すプリザーブスタイルの苺ジャム〈I〉

オーソドックスな苺ジャムのつくり方を二通り紹介します。砂糖やレモン汁の量や火加減はほとんど同じです。仕上がるまでの時間は、煮る苺の量によって異なりますが、500gなら10分位でしょう。

材料

苺……………………500g
グラニュー糖…………250g
（苺の重さの50％）
レモン汁………………1個分

つくり方

①苺は洗ってへたをとり、水けをよ

くとってから、鍋に入れてグラニュー糖、レモン汁をかけ、砂糖がとけるまで20～30分おく。（写真2）
②中火にかけ、焦げないようにときどき鍋をゆすりながら煮る。
③苺から水分が出、泡とあくがどんどん浮いてくるので、こまめにすくいとる。（写真3）
④あくが出なくなり、煮立つ泡が大きくなって、ゆるやかなとろみがついてきたら、まだ煮汁が充分ある状態で火を止める。（写真4）
（深沢トシ）

ピュレタイプの苺ジャム

プリザーブスタイルの苺ジャム〈Ⅱ〉

同じプリザーブスタイルですが、こちらは風味をひき出すために、初めにホワイトリカーをまぶします。

つくり方

①洗ってへたをとり、水けをとった苺全体に適量（苺300gに大匙1～2）のホワイトリカーをまぶし、砂糖とレモン汁をかけ、砂糖がとけるまでおく。
②強火にかけ、ときどき木べらで底をまぜながら、7～8分で煮上げる。
③火からおろしてあくをとり、容器に詰める。
（浜　明子）

＊プリザーブスタイルの苺ジャムをつくったとき、煮汁がしゃばしゃばで、苺の色が脱色して白くなることがありますが、それは煮つめ方が足りないせいです。いったん苺をとり出し、煮汁だけを少し煮つめたところへ苺を戻し入れて煮ると、再び苺が赤色と風味を含んでふっくらとなります。

つぶしてから煮るピュレタイプの苺ジャム

つぶしてから煮る苺ジャムです。香りを残すため、火にかける時間はごく短くします。少量ずつ手早く仕上げていくと、つききりであくをとる必要もなく、とても美しい色のジャムに仕上がります。プレーンヨーグルトやパンケーキのソースに。

材料

苺（つぶして）……1カップ（200g）
グラニュー糖……100g
（苺の重さの50％）
レモン汁（好みで）……大匙$\frac{1}{2}$～1

つくり方

①苺は洗ってへたをとり、水けをきって、フォークなどでかるくつぶす。
②鍋に入れ、レモン汁と砂糖を全体にかけて、とけるまでおく。
③火にかけ、強火で5～6分煮る。火からおろして1～2分おき、表面のあくをとって容器に詰める。
（浜　明子）

苺シロップ

旬の完熟苺をシロップにしておくと、水や炭酸で割って飲みものに、ゼリーに、ソースにと使えます。これは苺に火を通してつくる方法です。

材料

苺……………………500g
グラニュー糖…………500g
ホワイトリカー…………大匙2
（又はワイン）
リキュール（好みで）……大匙2～4
（コアントロー、グランマルニエなど）

つくり方

①洗った苺の水けをきり、へたをとって鍋に入れ、ホワイトリカーをまぶして砂糖をかけて一晩おく。
②火にかけ、煮立つまで強火その後は中火にして、苺がしぼむ位に充分水分を出してから、目の細かいざるを通してジュースをとる。
③瓶に詰め、リキュールを加え、冷蔵庫で保存する。
＊残った果肉に砂糖、レモン汁、ペクチンを加えて煮れば、ジャムになります。又はミキサーにかけてソースにしてもよいでしょう。

（浜　明子）

苺の生シロップ

こちらは火を使わずにつくるシロップです。

材料

苺……………………500g
［水……………………3カップ
［酒石酸………………13～14g
上白糖（早くとけるので）………1kg

つくり方

①苺は洗ってへたをとる。広口瓶に分量の水と酒石酸を入れて苺を加え、ときどき瓶をゆすりながら、30～36時間おく。
②2重ガーゼで漉して実と液に分け、液を瓶に戻して砂糖を加える。
③乾いた箸などで、ときどき静かにまぜ、砂糖がとけたら細口瓶に移し、ガーゼをまるめて詰め、栓をする。常温で1年は保存できる。
＊漉し残った実に、新しい苺を同量～倍量加えてジャムにすると、とてもおいしいものになります。漉しかすは酒石酸の酸味が強いので、砂糖を総量の60～70％加えます。

（福地道子）

苺とクランベリーのソース

赤いベリー類同士を合わせてソースにしました。1種類よりも、味に深みがでます。クランベリーのほか、ラズベリー、カシスなどもきれいに仕上がります。

材料

苺……500g
クランベリー（冷凍）……150g
砂糖……300g
（材料の重さの約40～50％）

つくり方

①鍋に、洗ってへたをとった苺、クランベリー、砂糖を入れ、全体をまぜ合わせて1時間ほどおく。この間にクランベリーは解凍し、苺からも果汁がしみ出てくる。
②鍋を中火にかけ、あくが出てきたら、ていねいにとり除く。
③弱火にして、蓋をし、少しずらして30分位煮る。
＊冷蔵庫で2～3週間はもちます。
＊ワッフルやマフィンに、ヨーグルト、アイスクリーム、チーズケーキに添えていただきます。レモン汁で酸味を加え、チキンソテーのソースにすることもできます。

（澤田たか子）

●苺とクランベリーのソースを使って

ワッフル 苺とクランベリーのソース添え

おいしそうな色に焼いたワッフルに真っ赤なベリーソースをかけて、朝食に、おやつに。

材料

薄力粉200g／ベーキングパウダー小匙2 1/2／砂糖60g／塩少々／卵中2個／牛乳200cc／無塩バター60g

つくり方

①バターを湯煎でとかしておく。
②薄力粉とベーキングパウダーを合わせてふるい、さらに砂糖と塩と合わせて2度ふるう。
③②にほぐした卵と牛乳を加えて泡立て器でまぜ合わせ、とかしバターを加えてさらにまぜる。
④熱しておいたワッフルメーカーに生地を流し、こんがりと焼く。
⑤苺とクランベリーのソースをたっぷりと添える。
＊ワッフルメーカーがない場合は、パンケーキのようにフライパンで両面を焼いてもよいでしょう。

（澤田たか子）

柑橘類

日本は冬から春にかけて、伊予柑、三宝柑、夏みかん、甘夏、文旦、橙、日向夏みかん、オレンジ、柚子、きんかん、レモンなど、柑橘類（ミカン科植物の総称）の宝庫です。これらは、生食のほか、ジャム、砂糖漬け、果実酒などに加工して楽しむことができます。皮の内側や袋はペクチンが豊富。ビタミンCは柚子とレモンに特に多く含まれています。

1

2

3

4

5

6

7

マーマレード

柑橘類でつくるジャムのことをいいます。果皮、果肉、果汁の全てを用いてつくりますから、柑橘類にたくさん含まれているペクチンのはたらきで、マーマレードに欠かせないジェリー状のとろみがつきます。既製品にはない〝ほろ苦さ〟が、ホームメード・マーマレードの魅力でしょう。苦みをどれくらい残すかは好みですが、水にひたす時間や茹でこぼす回数で調整できます。パンに添えるほか、マフィンやバターケーキに焼きこんだり、カレーなどの煮こみや肉料理のソースの風味づけ、こくを出す補いとして使うことができます。

夏みかんのマーマレード

皮も実も丸ごと使ってつくります。あまり煮つめすぎずに、ある程度煮汁を残した方がとろりと口当たりよく、ほどよく苦みを残して仕上げると、差し上げた方たちに好評です。

材料

夏みかん……………4個（約1kg）
グラニュー糖…………500g
（夏みかんの正味の重さの50％）
白ワイン（好みで）………1/2カップ

つくり方

①夏みかんは水で洗い、縦に筋を入れて皮をむき（白いわたの厚い部分は少しそぎとる）、3～4mmの幅でできるだけ長さを揃えて切りながら、たっぷりの水につけていく。（写真2）
②実は袋から出してほぐしておく。味をみて、甘みがあるみかんのときは、砂糖の量を加減する。
③水につけた皮は、途中2～3回水を換え、その都度もみ洗いしながら、2時間ほどおく。
④皮の1片を噛んで、苦みを確かめる。苦みが強いときは、一度茹でこぼす（日向夏みかんなど、苦みの少ないものは、茹でこぼさなくてもよい）。（写真3・4）
⑤水をきった皮と実の重さを計って、鍋に入れ、グラニュー糖と白ワインも加えて中火にかける。（写真5）沸騰したら（写真6）火を弱め、あくをよくよくすくいとる。あくをていねいにとることで、品のよい味に仕上がる。（写真7）
⑥途中焦げつかないように木べらで鍋底をこするようにまぜ、中火の弱にして煮、あくは最後までよくとる。
⑦煮立った泡が大きくなり、汁けが木べらにからむくらいになったら（1kgなら約30分）火を止める。
＊白ワインを加えることで、味にこくが出、香りも立ちます。

（堤　勝雄）

甘夏のマーマレード

これは刻んだ皮を一度茹でこぼしてから、一晩水にさらす方法です。実は皮の半分強入れます。

材料

甘夏の皮……………4個分（500g）
甘夏の実…………2 1/2個分（500g）
グラニュー糖…………600g
（材料の重さの60％）

日向夏みかんのマーマレード

つくり方

①甘夏はよく洗って、縦八等分に切り目を入れて皮をむき、皮は2～3mm幅の薄切りに、実は2個半分を袋から出して種をとり除く。
②鍋に皮を入れ、たっぷりの水を加えて火にかけ、沸騰後3～4分茹でてざるにあける。かぶる位の水に浸して一晩おく。
③翌日、水をきって鍋に入れ、実と砂糖、ひたひたの水を加えて火にかけ、沸騰後は弱火にして、皮が柔らかくなるまで、あくをとりながら煮る。適当な濃度になるまで煮つめたら火を止める。

（澤田たか子）

オレンジスライスマーマレード

輪切りのオレンジをマーマレードにしたもの。以前いただいたフランス製のものを再現したいと工夫した煮方です。トーストにポンとのせたり、マフィンやスコーンに焼きこんだりします。

材料

オレンジ……………5個（700g）
グラニュー糖……………400g
（オレンジの重さの約60％）

つくり方

①オレンジはよく洗って5～6㎜厚さの輪切りにし、鍋に入れてひたひたの水を加えて火にかける。煮立ったらざるにあけて、水で洗う。
②鍋にもどし、水をかぶる位加えて中火にかける。煮立ったらまた茹でこぼし、水をかけて洗い、1枚ずつ手のひらに挟んで水けをきる。
③鍋にオレンジ、砂糖を入れて中火の弱で煮る。実が透き通り、砂糖がとけてオレンジにからむようになったら火を止める。煮つめ過ぎると、冷めてからかたくなるので、ゆるめ位で丁度よい。
＊ネーブルオレンジがもっともおいしくできます。又は国産の小ぶりのものでつくってください。

（深沢トシ）

レモンのマーマレード

このマーマレードのつくり方は、初めに皮を果汁と合わせて柔らかく煮てから砂糖を加える方法で、どの柑橘類のときも応用できます。

材料

レモン……………6個（約800g）
水分（果汁＋水）……………1ℓ
グラニュー糖……………800g
（レモンの場合、重さと同量）

つくり方

①レモンはたわしで皮の表面をこすりながら水洗いし、横2つに切ってしぼり、果汁は漉す。
②5個分の皮の内側をスプーンでこそげとる（表皮に近い部分は、ペクチンの宝庫なので、残しておく）。
③②の皮を5㎝角位に粗く切ってざるに入れ、たっぷりの水をはったボウルにざるごと浸してかるくすすぎ、すぐ水から上げる。もう一度水を換えてさっとすすぎ、すぐ水から上げて水けをきり、フードプロセッサー

●オレンジスライスマーマレードを使って

オレンジスコーン

オレンジスライスをのせて焼く、ヨーグルト入りのスコーン。

7～8個分

材料

薄力粉200g／ベーキングパウダー小匙2／塩小匙1/4／バター70g／プレーンヨーグルト3/4～1カップ／オレンジスライス7～8枚

つくり方

①粉、ベーキングパウダー、塩を合わせてボウルにふるい入れ、バターをのせ、手ですり合わせてポロポロにする。
②ヨーグルトを加えてまぜ（まぜすぎはかたくなる）、ひとつにまとめる。
③台の上で打ち粉をしながら、厚さ2㎝位にのし、直径4～5㎝の抜き型（薄手のコップなどでも）で抜く。
④オレンジをのせてギュッと押しこみ、190℃のオーブンで15分ほど焼く。

（田代昭子）

にかけて細かいみじん切りにする。
④鍋に皮、果汁、水を入れて強火にかける。
⑤沸騰したら火を弱めてあくをとり、静かに沸騰する位の火加減で蓋をし、柔らかくなるまで約1時間煮る。
⑥蓋をとって強火で煮つめる。水分がひたひたより少なく、皮が顔を出す位になり、ペクチンでどろりとしてきたら、ぐっと火を弱め、焦げないように気をつける。
⑦砂糖を加え、とけたら強火にする。沸騰したらごく弱火にし、あくをとって火を止める。
＊パンに添えるほか、お菓子や料理に、お湯で割ってホットレモンにも。
（嶋田弥生）

レモンのマーマレード

●レモンのマーマレードを使って

スペアリブ　レモン風味ソース

レモンマーマレード入りのソースでスペアリブに下味をつけて焼きます。

材料

豚スペアリブ10本(1～1.2kg)／塩・胡椒各小匙2～3
ソース■レモンマーマレード½カップ／白ワイン1カップ／ウスターソース50cc／白ワインビネガー50cc

つくり方

①鍋にソースの材料を煮立たせ、塩・胡椒をすりこんだスペアリブを入れて強火で煮立たせる。火を弱めてあくをとりながら5分煮て火を止め、そのまま冷ます。ソースごとポリ袋に入れ、冷蔵庫に一晩おく。
②調理の1時間前に冷蔵庫から肉を出し、室温にもどす。ソースは漉し、脂などを除き、あくをとりながら半量に煮つめる。
③180℃のオーブンの中段で、途中、肉の表面に煮つめたソースをぬっては裏返しながら、約40分焼く。
（嶋田弥生）

ピール

柑橘類の皮を砂糖漬けしたものです。このまま砂糖菓子のようにいただくほか、料理のつけ合わせに、ゼリーの中身に、またフルーツ漬けの具に加えたりします。

伊予柑のピール

この柔らかで香りのよいピールの魅力にひかれて、時期がくるとたくさんつくっておき、チョコレートをかけたり、オレンジケーキやフルーツケーキに使って、一年中楽しんでいます。

材料

伊予柑の皮……………500g（5個分）
グラニュー糖……………500g
水……………300cc

つくり方

①皮をよく洗い、縦四等分に切って中身を出す。
②鍋に皮とひたひたの水（分量外）を入れて火にかけ、沸騰したら湯を捨てる。新しい水に換えて茹でこぼすことを、2〜3回（回数は苦みの好みで）してざるに上げる。

●伊予柑のピールを使って

ピールのチョコレートがけ

プレゼントにも最適。でき上がりのチョコレートの色と艶は、ひとえに温度管理（テンパリング）にかかっています。

材料

伊予柑のピール／ダークスイートチョコレート（製菓用）各適宜

つくり方

①ピールを煮汁からとり出して6〜7㎜幅に切り、水分を拭きとる。
②チョコレートは細かく刻んでボウルに入れ、50〜60℃の湯煎にかける。
チョコレートが半分位とけたら、木べらでまぜ、なめらかになったら鍋からはずし、27℃まで下げる。
③ふたたび、チョコレートを湯煎にかけて29℃に上げる。この温度で作業する。
④ピールを竹串にさして、チョコレートを全体につけ、オーブンシートにのせて冷まし固める。

（澤田たか子）

③鍋に砂糖100gと分量の水を入れて火にかけ、煮立ったら火を止める。ここに、水けをていねいに拭きとった皮を浸けこみ、一晩おく。
④翌日、煮汁から皮をひき上げ、砂糖100gを加えて煮立たせ、皮を戻して沸騰したら火を止め、一晩おく。
⑤同じように、④をあと3日くり返して合計500gの砂糖を加え入れ、最後は蓋をせずに、かるく水分をとばすように5～6分煮る。汁ごと保存する。

（澤田たか子）

晩白柚《ばんぺいゆ》のピール

晩白柚の厚い皮でつくるピールは皮でありながらジェリーのような柔らかさです。文旦、はっさく、夏みかんの皮でも同様にできます。

材料

晩白柚の皮……500g（約1個分）
グラニュー糖……250～300g
（皮の重さの50～60%）
水……2カップ
みょうばん……小匙2
（晩白柚は皮がかたいので使う。他のものには入れない）

つくり方

①晩白柚はよく洗い、上下を切り落として八等分に切り、皮をむく。
②皮の内側の白いところを平らに切り揃え、横1cm幅に切る。
③鍋に皮を入れて、ひたひたに水をはり、みょうばんを加えて火にかける。ぐらぐらと煮立ったら水を換え、これを2回くり返し、新しい水に浸けて、一晩（約12時間）おく。
④鍋にグラニュー糖と水約2カップを入れて煮とかし、水きりした皮を加え、弱火で水がなくなるまで2～3時間煮る。
⑤最後は焦がさないように鍋をゆすりながら煮つめる。
⑥冷めてから、1切れずつグラニュー糖（分量外）をまぶしてバットに並べ、ときどき裏返しながら5～6日自然に乾かす。

（澤田たか子）

いろいろなピール

食後にいただいた柑橘類の皮をポリ袋に入れて冷蔵庫保存しておき、10個分位たまるとピールにします。

材料

柑橘類の皮……10個分
砂糖……皮の重さの約80%

つくり方

①皮は半日ほど水に浸けておく。
②水を換えて15分茹でて水をきる。
③二度目はひたひたの水で柔らかくなるまで煮てざるに上げる。
④鍋に並べ、砂糖を1/2量加えて、落とし蓋をし、中火でことこと煮る。途中、残りの砂糖を2回に分けて加え、煮汁がなくなるまで煮るが、最後は強火で汁けをとばすようにする。
＊鍋に入れるとき、花弁の渦のように並べると煮汁の回転がよい。

（村川協子）

各種のピールを冷凍保存

レモンカード

レモン味のスプレッド。ジャムのようにパンにぬったり、タルトやケーキのフィリングにと使い方はさまざま。おいしいので、食べすぎに注意。

材料

レモン……………4個（約500g）
グラニュー糖……………300g
無塩バター……………100g
卵……………4個

つくり方

①レモンはよく洗って、皮をすりおろし、果汁はしぼる。
②厚手鍋に皮のすりおろしとレモン汁、砂糖を入れて弱火にかける。
③砂糖がとけたらバターを入れて、木べらでまぜ、むらなくまざったら火からおろし、ときほぐした卵を少しずつ加えながら手早くまぜ、再び火にかけ、まぜながら煮つめる。
④木べらをひき上げたとき、レモンカードが満遍なくつく位のかたさで火を止める。

（浜　明子）

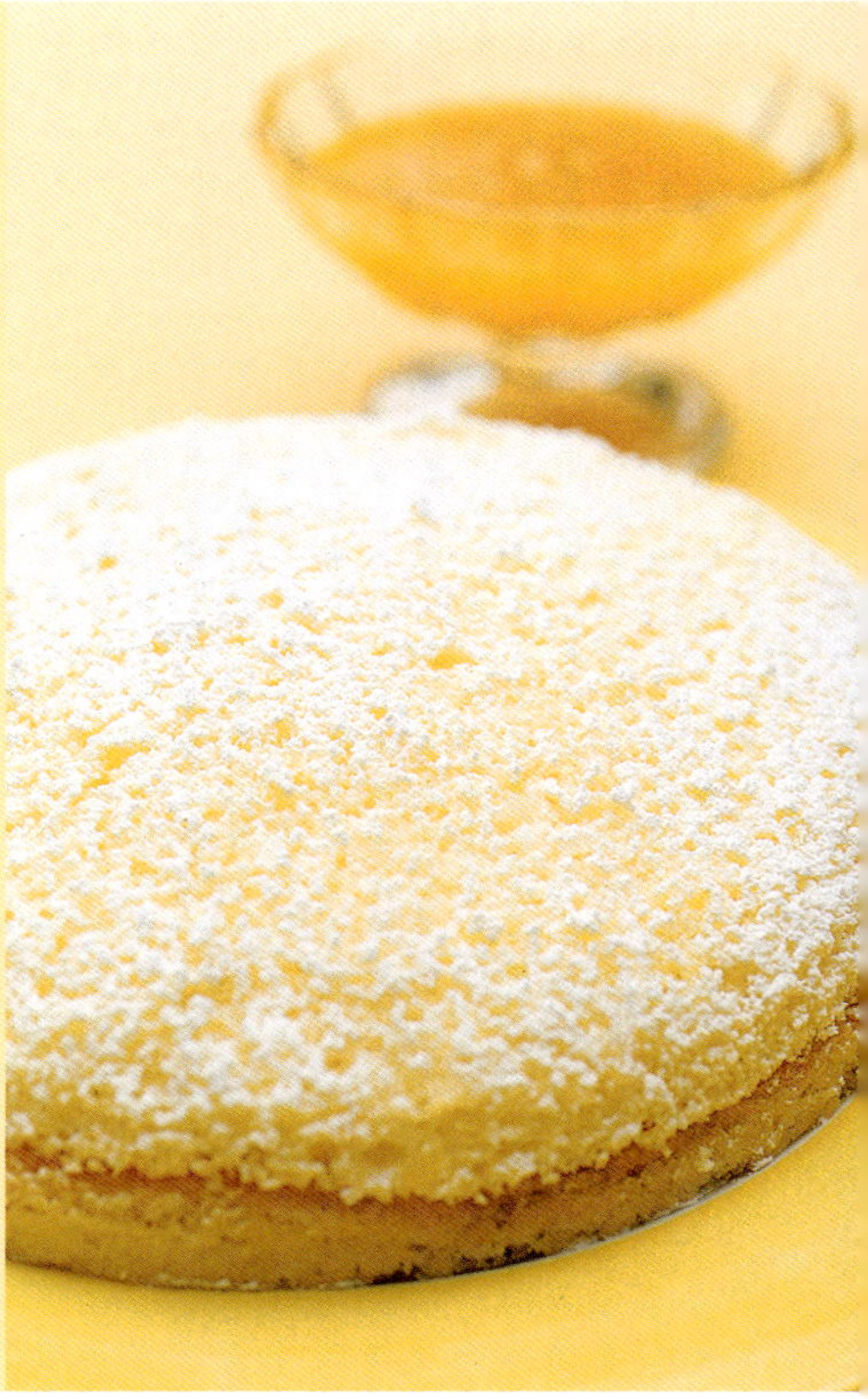

●レモンカードを使って

ボストンクリームパイ

薄いスポンジケーキにレモンカード入りのクリームをはさみます。

材料　直径19cm浅めの型

スポンジ生地■卵大2個／砂糖60g／薄力粉60g／水大匙1 1/2／レモン汁小匙1／サラダ油大匙2/3／クリーム■薄力粉大匙2／コーンスターチ大匙1／卵黄2個分／牛乳2 1/2カップ／レモンカード大匙5〜6（好みで増減）／リキュール（コアントロー）適宜／粉砂糖適宜

つくり方

①スポンジ生地をつくる。ボウルに卵と砂糖を入れ、もったりするまで泡立てる。
②ふるった粉を加えてさっくりまぜ合わせ、水、レモン汁、サラダ油を加え、バター（分量外）をぬった型に流し入れる。
③150℃のオーブンで約20分ほど焼き、型から出して冷ましておく。
④クリームをつくる。ボウルに粉、コンスターチを合わせてふるい入れ、卵黄と牛乳1/2カップを加えまぜ、漉す。
⑤残りの牛乳を温めて④に入れ、鍋に戻して中火にかけ、まぜながらふつふつと穴があく位に煮る。
⑥火からおろして、レモンカードとリキュールを加えて冷やす。
⑦スポンジを2枚に切って、クリームをはさみ、粉砂糖をかける。

（浜　明子）

レモンチェッロ

イタリア料理好きの方なら、ぜひとも知りたい味ではないでしょうか。食後酒として、小さなグラスでほんのちょっと飲むこのお酒は、度数の高いアルコールを使い、レモンの皮の色とエキスを抽出してつくります。

材料

レモンの皮……………4個分
無水アルコール(90度以上)……500cc
シロップ
　水……………………500cc
　砂糖…………………500g

つくり方

①レモンの皮の黄色の部分だけを削りとり、ガラス(又は陶器)の容器に入れてアルコールをそそぎ入れ、そのまま10日ほどねかせる。毎日数回、容器をゆすり、全体がなじむようにする。
②シロップの材料を4～5分煮立てて砂糖をとかし、火からおろして冷ます。
③容器からレモンの皮をとり出し、残りのアルコールをガーゼで漉し、冷ましたシロップを加える。細口瓶に移し栓をする。
＊1か月ほどねかせるとおいしくなるので、よく冷やして供します。
＊無水アルコールは薬局で求めます。
＊ウォッカでつくってもよいでしょう。

(秋元摩那)

夏みかん酒

夏みかんを果実酒に。砂糖が少なめですが、私はいつもこの分量でつくっています。このままでもよいし、割って飲んでも爽やかです。

材料

夏みかん……………1kg(大3～4個)
氷砂糖(又はグラニュー糖)……200g
(蜂蜜なら1カップ)
レモン………………4～5個
ホワイトリカー…………1.8ℓ

つくり方

①夏みかんはよく洗って皮をむき、実は全量、皮は1個分使う。実は白いわたをとって1cm厚さの輪切りか半月に切り、皮のわたもとる。レモンは皮をむいて輪切りにする。
②保存瓶に夏みかんとレモンを入れ、氷砂糖を加えてホワイトリカーをそそぎ、蓋をして涼しいところにおく。
③果実は長く入れておくと苦みが出てくるので、5日ほどで皮を、1か月でレモンを、2か月で夏みかんの実もとり出し、漉して保存する。
＊1か月もするとまろやかになってきます。香りが落ちないうちに(1年以内)飲みきるとよいでしょう。

(河田幸子)

レモンチェッロ

夏みかん酒

ばらジャム

ジャムには赤いばらが最高。香りと美しい色が堪能できます。これは〝アンクルウォーター〟という品種。

材料

赤いばらの花弁……200g
グラニュー糖……400g
（花弁の重さの2倍）
水……（花弁の重さと同量）1カップ
ペクチン（粉末）……大匙1～2
グラニュー糖……大匙1～2
（好みのとろみに）
レモン汁……1/2個分

つくり方

①花弁は塩水で1回、真水で2回洗ってざるに上げ、熱湯を回しかける。
②鍋に入れ、砂糖の半量をかけて10～15分おく。
③ごく弱火にかけ、1時間ほど煮る。水と残りの砂糖を加え、好みの濃度になるまで煮る。
④ペクチンに同量の砂糖をまぜて加え、レモン汁も加えて5～6分煮る。
＊時間のないとき、分量の多いときは、③までしておきます。この状態で冷蔵庫なら1年位もちます。後日、適量をジャムに仕上げ、2～3週間で食べきります。
＊熱い紅茶にジャムをひと匙入れて、ロシアンティーのように。

（澤田たか子）

奥／ばらジャム　手前／飲みもの

ばら酒

開花するときにもっとも強く香りを放つので、ほころびかけた蕾を使うと、香りよく仕上がります。

材料

赤いばらの花……（大輪）15輪
グラニュー糖……500g
ホワイトリカー……1ℓ
レモン汁（又はクエン酸）……少々

つくり方

①ばらは花びらをほぐして洗い、水けを拭きとって、瓶に入れる。
②グラニュー糖とホワイトリカーをそそぐ。翌日、花びらの色がぬけて白っぽくなったらとり除き（花びらの色が残っているときはもう2～3日ようすをみるが、だんだん渋みが出るのでとり出す）、レモン汁少々を加える。時がたつほどまろやかになるので1年はおくとよい。
＊写真の品種は〝キャラミヤ〟。

（遠藤　操）

夏

5月中旬、青い梅の実が初夏の訪れを知らせてくれます。
杏、さくらんぼ、ルバーブ、びわ、桃、ベリー類。
梅雨をはさんで次々に届く夏便り。

梅

5月下旬から6月の梅雨どきにかけて出回る梅。昔から未熟な青梅を生で食べてはいけないと言われていましたが、それは、実の中の仁に含まれているアミグダリンという成分が、酵素で分解して青酸になるからです。完熟したもの、加工したものは大丈夫です。色づく前の青梅は梅酒やシロップに、熟れた梅は梅干しやジャムにします。

梅ジャム〈I〉

裏漉しタイプの梅ジャムです。手で触れたら枝からポロリと落ちるほどよく熟れた黄金色の梅が手に入れば最適です。梅の酸味と香り、ほどよい甘みはとびきり上品な逸品となります。

材料

梅（熟したもの）……………1kg
グラニュー糖……………（裏漉した梅の重さの50%）

つくり方

①梅をたっぷりの水に浸し、ときどき水を換えながら半日ほどさらす。

②鍋に梅とかぶるほどの水を入れて火にかけ、煮立ったらあくをとりながら、形がくずれない位に煮る（写真2）。ざるにあけ、よく水けをきる。食べてみて渋味や苦味があるようなら、さらに水にさらす。（写真3）

③種やへたの部分、きずなどをとり除きながら裏漉す。（写真4）

④裏漉した果肉を計り、重さの50%の砂糖と一緒に鍋に入れて中火にかけ（写真5）、煮立ったら中火の弱に落とし、よくよくあくをとりながら煮つめる。ときどき焦げないように鍋底を木べらでまぜる。（写真6）

⑤煮汁が少しゆるめの感じでも、木べらにからんできたら、火を止める。あまり煮つめすぎると、冷めてからかたくなり、風味も失われる。

（堤　勝雄）

1

2

3

4

5

6

梅ジャム〈Ⅱ〉

火を通してから水にさらし、砂糖を加えて仕上げます。裏漉さないので、粒は少し残ります。

材料

梅（黄色く熟したもの）…………1kg
砂糖…（種を除いた梅の重さの60％）

つくり方

①梅は洗って、水から静かに茹で、柔らかくなったら火を止めて、そのまま人肌になるまで冷ます。
②水を静かに流しながら1～2時間、少し食べてみて、苦味、酸味がほどよく残るあたりまでさらす。
③水をきり、手でつぶしながら1つずつ種をとり除く。
④果肉を計り、重さの60％の砂糖を加えて火にかけ、出てくるあくをとりながら、弱火で30分ほど、とろりとなるまで煮つめる。

（宮之原敏恵）

●梅ジャムを使って

梅羊羹

梅ジャムでつくった羊羹。本格的な羊羹ほど濃厚ではなく、ゼリーよりはしっかりした食感です。

材料

梅ジャム150g／棒寒天1½本（粉寒天なら6g）／水750cc／砂糖250g／水あめ150g

つくり方

①寒天はよく洗って、細かくちぎり、鍋に分量の水とともに入れ、1時間ほど浸して、充分ふやかしておく。
②鍋を火にかけ、煮立ったら弱火で完全に煮とかし、砂糖を加えて中火にし、浮いてくるあくをとりながら、半量位にまで煮つめる。
③火を止め、水あめを加えてまぜ、水でぬらした型に流し入れる。
④液が50℃位に冷めてから梅ジャムを入れ（熱いうちに入れると固まらない）、箸4～5本で手早くかきまぜて均一にし、そのまま固める。

＊寒天は常温で固まりますが、暑いときは冷蔵庫に入れます。

（赤星マサ子）

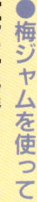

煮梅〈Ⅰ〉

お茶うけに、梅酒ゼリーの中身に、みずみずしく、きずのない青梅でつくります。梅は皮が破れないように、そっと扱います。

材料

青梅……………………1kg
グラニュー糖…………600g
（梅の重さの60％）

つくり方

①青梅は水洗いして、梅全体に竹串や金串、針数本などで穴をあける。
（皮が破れるのを防ぐため）
②一晩たっぷりの水に浸ける。
③ほうろう鍋に梅を入れ、たっぷりの水を加えて弱火にかけ、決して煮立たせないようなごく弱火で7～8分、静かに茹でる。
④火からおろしたら、流水（皮が破けないように鍋肌に水をあてる）で静かに水を換え、4～5時間さらす。
⑤別鍋に水2カップと砂糖を入れて煮とかし、冷ましておく。
⑥⑤の鍋に梅をそっと移し入れ、ごく弱火であくをとりながら30分煮る。
⑦火を止めて冷めるまでおき、味を含ませる。
⑧弱火でもう10分火を入れ、冷ます。保存は煮汁に漬けたままで。
＊梅の形がくずれないようにかるくゆり動かしながら、さらに2～3回⑧をくり返すと味が深まります。
（成瀬すみれ）

煮梅〈Ⅰ〉

かんたん煮梅

たくさん採れる庭の梅をむだにしたくないと考えたつくり方です。

材料

梅……………………500g
グラニュー糖…………250g
（梅の重さの50％）

かんたん煮梅

つくり方

①梅を30分位水につける。

②ほうろう鍋に、梅をひと並べに入れ、たっぷりの水を加えて弱火にかけ、梅が浮いてきたら火を止める。

③鍋に水道水を少しずつ入れて徐々に冷ます。細い水を流しながら、好みの酸味になるまでさらす（黄色く熟したものは3～4時間、青いものは一晩は必要）。

④水を捨て、グラニュー糖を上からかけてしばらくおく。

⑤グラニュー糖がとけたら火にかけ、煮立ったら弱火にし、ときどきあくをとり、梅が透明感を帯びてきたら火を止めてそのまま冷ます。

⑥実だけを保存瓶に移し、残りの汁を煮つめ、よく冷ましてから梅が浸る位にたっぷりとそそぐ。

＊煮くずれてしまった梅は漉してジャムにします。

（田中美恵子）

煮梅〈Ⅱ〉

手とかなりの時間がかかりますが、はじめに梅を塩水につけることで、形もよく、皮も破れずに仕上がるようです。

材料

青梅……………………………2kg
砂糖………（梅の重さの60％）1.2kg

つくり方

①ほうろう容器に10％の塩水をつくり、梅に竹串でぽつぽつと穴をたくさんあけながら入れ、そのまま3日ほど浸けておく。

②次に丸一日水にさらして、塩ぬきする。

③ほうろう鍋に梅とたっぷりの水を加えて煮始める。80℃位の温度を保ちながら、約30分静かに煮る。

④竹串がらくにささる位になったら火を止め、冷めたら水にとり、4～5回水を換えながら1時間以上さらす。

⑤鍋に砂糖、梅、砂糖、梅と交互に入れて半日ほどおく。砂糖がとけたら火にかけ、30分位煮含めて、冷ます。

（伊藤テル子）

煮梅〈Ⅱ〉

梅干しの煮梅

わが家では梅干しの塩をぬいたもので煮梅をつくります。お茶うけに、料理のつけ合わせに、また天ぷらにしてもよいものです。

材料

梅干し………………………400g
みりん………………………1カップ
砂糖…………………………200g

つくり方

①梅干しを三日間、水につけて朝と夜に水を換えながら、塩出しをしてざるに上げる。

②鍋に梅を入れてみりんと砂糖を加え、落とし蓋をして、汁がなくなるまで弱火でことこと煮る。

（黒田洋子）

梅シロップ

梅と砂糖を交互に漬けておくと、梅から水分が出てシロップになります。好みの濃さに薄めて氷を浮かべた梅シロップは、夏らしい飲みものです。

材料

青梅……………………………1kg
グラニュー糖…………………1kg
（又は氷砂糖）

つくり方

①梅はよく洗って水けを拭きとる。
②保存瓶に梅と砂糖を交互に入れる。
③10日間位は、ときどき瓶をゆすって梅と砂糖液がなじむようにする。1か月ほどで、砂糖がすっかりとけ、梅もしわしわになってくるので、実はとり出し、シロップを涼しい場所で保存する。

*梅と砂糖を漬けこむとき米酢を1ℓ入れると梅サワードリンクになります。

（伊藤テル子）

*保存瓶は、梅を漬ける前によく煮沸消毒して、中をホワイトリカーで洗ってから使いましょう。

*早くシロップを上げたいなら、漬けるとき梅に竹串で穴をあけるか、上下を切り落としてもよいでしょう。シロップが早く上がらないと、浮き出ている梅にかびがはえることがあります。

*梅がシロップに漬かるようになったら、頭を出している部分がかびないように、二重にしたガーゼを梅にかぶせておくとよいでしょう。

*室温の高いところにおいておくと、発酵します。蓋を密閉しているとどんどん発酵するので、内蓋のキャップはあけておき、外蓋もゆるめにのせておきます。

泡が多少出ている位なら、そのままで大丈夫ですが、ブクブクと発酵したものは途中で梅をとり出し、液だけをほうろう鍋で煮立て、冷ましてから再び容器に戻します。また、万が一梅にかびがはえてしまったときは、その梅をそっととり除きますが、かびが全体に広がっているようなら、発酵のときと同様、梅とかびを除き、液だけを煮立てます。

写真手前は氷砂糖（梅の上下を切り落として）で、後方はグラニュー糖で漬けたものです。

青梅の砂糖漬け

梅シロップのつくり方と同じですが、これは梅を半分に割って、種をぬいて漬けます。すぐ冷蔵庫へ入れておくこの方法ですと、あまり変色せず、写真位の青さが保てます。1年たっても、かりかりとした歯ざわりでおいしくいただけます。

材料

青梅……………………………1kg
砂糖……種をとった実の重さと同量

つくり方

①梅は洗って、2〜3時間たっぷりの水につけておく。
②ざるに上げて水をきり、清潔な布巾で水けを拭いてへたをとる。
③梅にぐるりと包丁目を入れ（溝のすじを少しはずして）、ねじりながら2つに割る（アボカドの種をとるように）。種つきの方はナイフやグレープフルーツ用のスプーンで種を切りとる。
④実を計量して同量の砂糖を用意し、その2/3量を梅にまぶして保存瓶に入れ、残りの砂糖を上からかける。
⑤必ず冷蔵庫で保存し、砂糖がとけて梅がエキスに浸かるまで（10日ほど）は横にしたり、ときどき転がしたり、ゆすったり上下をかえたりする。1か月もすれば食べられる。

*実は焼き魚に添えたり、刻んでサラダや和えものに加えたりします。アイスクリームに入れてもおいしいものです。シロップは氷水や炭酸水で割って飲みものやゼリーにします。

（成瀬すみれ）

かりかり梅

梅と同量のグラニュー糖を用意します。きずのない青梅を洗い、一〜二晩3%の塩水につけておきます。黄色くなった順にまな板にのせ、木べらでたたいて種をとります。塩水ですすぎ、水をきった梅と砂糖を交互に瓶に入れて、上に砂糖をのせて紙蓋をし、紐でくくって涼しい所に10日ほどおきます。砂糖がとけたら液だけを火にかけ（梅を青く仕上げたいときは銅鍋を使う）、あくをとり、冷めてから瓶に戻します。梅を常に液に浸したまま保存します。

（黒田洋子）

梅酒

梅酒には5月下旬から6月中旬までに穫れる、青くて果肉のしっかりした梅を用います。きずのあるもの、虫食いのものなどは、液がにごる原因になるのでさけます。店頭で求める場合は、多少値段が高くても質のよいものを選ぶとよいでしょう。

材料

青梅……………………1kg
氷砂糖…………………1kg
（又はグラニュー糖）
ホワイトリカー………………1.8ℓ

つくり方

①梅はきずをつけないようにそっと洗ってざるに上げ、竹串でへたをとり除いて、一粒ずつ乾いた布巾で水けを拭きとる。

②広口瓶に梅を入れ、氷砂糖を加えてホワイトリカーを注ぎ入れ、しっかりと蓋をして、できるだけ涼しい所で保存する。（伊藤テル子）

＊3か月ほどで飲めますが、熟成するには1年かかります。

＊水や炭酸で割って飲むほか、お菓子や料理にも使います。

＊1年たったらしぼんだ実をとり出し、漉して液だけにして保存します。

＊もし、梅酒の実をジャムにしたいなら、しぼんでしまう前に実をとり出します。

＊砂糖を青梅の重さの50％にしてもよく、あっさりとした、品のよい梅酒ができます。

梅酒の梅ジャム

梅酒の梅の実でつくる梅ジャムです。梅は10か月位でとり出すので、まだふっくらしていますが、しぼんだ梅が3割位まざっていてもよいでしょう。歯ごたえのある果肉として残ります。

材料

梅酒の梅………………約1kg
砂糖……………………200g
レモン汁………………2個分
梅酒……………………400cc

つくり方

①鍋に材料すべてを入れ、種が果肉からはなれるように、ときどき木べらでまぜながら煮る。種がたくさん出始めたら火を止める。

②はずれた種をとり出し、残りは目の粗い金ざるにあけ、漉すようにして、種をはずす。（齊藤　紘）

梅肉《ばいにく》エキス

夏バテ、疲れ、食あたりになにより効くと、曾祖父母の代から、毎年つくるのが、わが家の習わしです。以前は梅をすりおろしていましたが、今は機械の力も借り、大分らくになりました。3キロの梅から小瓶2つくらいしかできない貴重なものです。

つくり方

①きずのない、新鮮でかたい青梅を水につけてよく洗い、ざるに上げて水をきる。

②へら（わが家では、お好み焼き用のステンレス製のフライ返しを使用）で、1個ずつギュッと押すと、実と種に分かれるので、実だけジューサーにかけてしぼる（又はフードプロセッサーにかけ、布巾で漉してジュースをとる）。

③このジュースをほうろう製の鍋に入れて弱火にかけ、木べらでときどきかきまぜながら4〜5時間煮る。果汁が色づいてとろみが出てきたら、絶えずまぜ続ける。

④黒くドロッとしたエキスになればでき上がり。

＊口にするときは耳かき1杯位が適量です。

（黒田洋子）

●梅酒の梅を使って

梅のパウンドケーキ

梅酒の梅を入れたパウンドケーキ。しっとりとした和風の味わいは、紅茶にも緑茶にも合いそうです。

材料

18×8×6㎝のパウンド型2本分
薄力粉200g／ベーキングパウダー小匙1／無塩バター180g／砂糖160g／卵3個／塩ひとつまみ／バニラオイル1〜2滴／梅酒の梅（細かく刻んで）1〜1½カップ

つくり方

①室温にもどしたバターをクリーム状に泡立て、砂糖を2〜3回に分けて入れながら、ふわっとするまで充分にまぜる。

②卵をときほぐし、3回に分けて入れ、さらにまぜる。

③塩、バニラオイルを加え、梅の実に分量の粉から少しとってまぶし、残りの粉も加えて全体をまぜる。

④紙を敷いた型に流し入れ、160〜170℃のオーブンで約40分焼く。

（小田原友の会）

杏ジャム

適度な酸味のあるジャムができます。アップルパイの仕上げにぬったり、スポンジにはさんだりとケーキにも利用できます。

材料

杏……………………………1kg
グラニュー糖……………………………
（種をとった杏の重さの50〜60%）

つくり方

①杏はよく洗い、包丁でぐるりと切り目を入れてから、手でひねって2つに割り、種をとる。
②果肉の重さを計って、鍋に入れ、砂糖を加えて全体によくまぶして30分ほどおく。
③鍋を中火にかけ、煮立ってきたら、浮いてくるあくをていねいにとり除き、その後は弱火にして、焦がさないようにときどき木べらでまぜながら、とろりとするまで煮る。
＊種つきのまま煮て種はあとからとっても、種をとってフードプロセッサーにかけてから煮てもよいでしょう。
（澤田たか子）

杏のシロップ漬け

杏ならではの色と香り、そして酸味が楽しめます。杏の種＝杏仁は昔から風邪にきくといわれ、産地の信州では種ごと漬けて大切にします。

材料

杏（完熟少し手前位が最適）……1kg
シロップ
　水……………………………1ℓ
　グラニュー糖……………………1kg

つくり方

①杏は水洗いし、大きさを見て丸のまま、又は二つ割りにする。
②湯（80〜90℃）をたっぷり沸かし、杏を湯通し（杏の色がすっときれいに変わるのを頃合に）し、煮沸消毒した保存瓶に詰める。
③水と砂糖を煮立ててシロップをつくり、熱々を杏にそそぎ入れる。
＊おいしくなるのは2〜3か月以降です。
（増田久い）

●杏のシロップ漬けを使って

杏仁豆腐

若い人に人気の杏仁豆腐。杏のシロップ漬け以外にも、好みのフルーツを合わせられます。

材料

牛乳1カップ／水1カップ／砂糖1/4〜1/3カップ／粉寒天3g／アマレット（アーモンドリキュール）大匙1／杏のシロップ漬け適宜／シロップ（同量の砂糖と水を煮とかす）

つくり方

①分量の水に寒天を入れてよくまぜ、中火にかけて煮とかす。砂糖、牛乳を加えてまぜながら煮立てる。
②火からおろしてアマレットを加え、水でぬらした型に流し入れ、冷やし固める。
③杏のシロップ漬けと杏仁豆腐を好みに切り、冷ましたシロップをかける。
（田代昭子）

びわのコンポート

果肉のしっかりした新鮮なものを使うと、びわの風味がひときわよく仕上がります。冷たくして初夏の季節感をデザートに。アイスクリームに添えてもよろこばれます。

材料

びわ（大きめのもの）……18個

シロップ

水……$1\frac{1}{2}$カップ

キルシュワッサー……$\frac{1}{2}$カップ

グラニュー糖……70g

レモン汁……$\frac{1}{2}$個分

つくり方

①びわは皮をむいてへたをとり、その穴から小さいフォークを使って種をとり出し、口をきれいに切りそろえる。

②鍋にシロップの材料を入れて火にかけ、煮立ったらびわを加えて紙蓋をし、弱火で20～30分煮、火を止めてそのまま冷ます。

＊キルシュワッサーはさくらんぼのリキュール。

（澤田たか子）

びわのコンポート

びわの葉酒

薄めて、蜂蜜を加えると飲みやすくなります。またびわの葉は、外用として火傷や湿疹、打ち身や神経痛などに湿布すると効果があると昔からいわれ、毎年果実酒と葉酒を二種つくります。

葉をよく洗い、水けを拭いてから細かく切り、広口瓶に半分位まで入れ、その上からホワイトリカーを瓶いっぱいにそそぎ、冷暗所に保存します。3か月位で葉はとり除きます。

＊とり出した葉は入浴時に布袋に入れて湯に浮かしています。

＊びわ酒　へたをとったびわ1kg、皮をむいて輪切りにしたレモン5個、蜂蜜1カップ、ホワイトリカー1ℓ。

（伊藤敬子）

奥／びわ酒　手前／びわの葉酒

チェリー

旬の初夏になると、かわいらしい色とかたちを見せるさくらんぼ。風味が変わりやすいので、もし沢山あるときは砂糖を使って加工しておくとよいでしょう。

手前／ジャム　中央／ソース　奥／シロップ

チェリーのシロップとジャム

比較的入手しやすい価格のアメリカンチェリーを使ったものをいくつかご紹介しましょう。シロップをとったあと、残りの果肉からジャムができます。

材料

アメリカンチェリー……500g
ホワイトリカー……大匙2
グラニュー糖……250g

つくり方

チェリーシロップ

①チェリーは洗って水けをきって軸をとり、全体にホワイトリカーをまぶし、砂糖をかけてとけるまでおく。
②中火にかけてゆっくり加熱し、煮立ったら強火にしてときどきかきまぜ、果汁を出す。
③目の細かいざるなどで漉してシロップをとる。

チェリージャム

残った果肉の種をとり除いて重さを計り、重さの1/3～半量の砂糖とレモン汁（果肉200gに大匙2～3）を加え、さっとかきまぜて、5分ほどで煮上げる。　（浜　明子）

チェリーソース

チェリーにホワイトリカーをまぶしてから、砂糖を加え、煮汁が少し残る位に煮ます。ソースと呼んでいますが、汁けが多いジャムという感じです。

材料

アメリカンチェリー……500g
ホワイトリカー……大匙2～3
グラニュー糖……200g

つくり方

①チェリーは洗って水けをきって軸をとり、半分に切って種をとり、全体にホワイトリカーをまぶし、砂糖をかけてとけるまでおく。
②火にかけて、煮立ってから10～15分汁けが少し残る位まで煮る。
*果肉と煮汁を煮つめて、ジャムにすることもできます。　（浜　明子）

●チェリーソースを使って

チェリークラフティ

黄色いカスタードソースの中に赤いチェリーの粒々がかわいらしいデザートです。

材料 直径21㎝タルト型

チェリーソース(果肉のみ)1/2〜1カップ

カスタードソース■牛乳150cc／生クリーム60cc／卵3個／砂糖80〜100g／薄力粉小匙1

つくり方

①牛乳を温め、火を止めて生クリームを加える。

②卵、砂糖、粉を合わせたところに、①を加えてよくまぜ、バター(分量外)をぬった型に流し入れる。

③160℃のオーブンに入れ、表面が乾き始めたら一度出し、チェリーの汁けをきって並べ、できれば下火をきかせ、合わせて25〜30分焼く。

(浜　明子)

●チェリーソースを使って

チェリーとチーズのゼリーサラダ

チェリーソースとカッテージチーズとフルーツをゼラチンで固めたもの。甘酸っぱい味の一皿がメニューに加わっていると目先が変わってよいものです。

材料 直径15㎝リング型

チェリーソース2カップ／粉ゼラチン大匙2／水1/3カップ／カッテージチーズ200g／好みのフルーツ(パイナップル、キウイ、バナナなど)

つくり方

①分量の水でしとらせたゼラチンを湯煎でとかす。

②フルーツはチェリーに合わせて切っておく。

③チェリーソース、カッテージチーズ、フルーツを合わせて型に入れ、冷やし固める。

＊チェリーの代わりにクランベリーソース(70頁)を使ってもよいでしょう。

(浜　明子)

ルバーブジャム

初夏から秋まで出回るルバーブは、ジャムにしてもパイのフィリングにしても、その甘酸っぱさがおいしく、人気の素材です。ごく短時間で煮上がるので、初めての方でも簡単にできます。

材料

ルバーブ……………………500g
グラニュー糖……………………
（ルバーブの重さの40～50％）

つくり方

①ルバーブは洗って3～4㎝のぶつ切りにする。

②鍋に入れ、グラニュー糖をかけ、しばらくおく。

③グラニュー糖がとけたら中火にかけ、ときどきかきまぜ、出たあくをとる。

④すぐとろりと煮とけるので、焦がさないようにかきまぜながら10分位煮ればでき上がり。

＊ていねいにするなら、ぶつ切りにする前にセロリの筋をとるように皮をむくと、仕上がりの色がだんぜんきれいです。

＊また、軸の薄緑のところと根元の赤い部分を分けて別々に煮ると、それぞれ、オリーブグリーンとピンクのジャムになります。

＊ルバーブの1/3量をいちじく、グレープフルーツ、苺、ベリー類にかえて、ミックスジャムにすることもできます。

（堤　勝雄）

手前／根元の赤い部分だけを煮たもの
中央左／軸の部分だけを煮たもの
中央右／ルバーブとグレープフルーツのミックスジャム
奥／ルバーブと苺のミックスジャム

プラムジャム

ほどよい酸味があり、ペクチンが豊富なプラムは、ジャム向きの果実です。皮が赤く、中が黄色い〝サンタローザ〟は、煮ると濃いピンクに仕上がります。

材料

プラム……1kg
グラニュー糖……
（種をとったプラムの重さの60％）

つくり方

①プラムはよく洗い、皮をむかずにナイフで果肉を削りとるようにして、種をとり除く。
②果肉の重さを計って鍋に入れ、グラニュー糖を全体にまんべんなくまぶし、30分ほどおく。
③中火にかけ、あくが浮いてきたらすくいとる。
④焦げないように、ときどき木べらでかきまぜながら、とろりとなるまで煮る。

（澤田たか子）

プラム酒

私は、色と香りのよいサンタローザやソルダムでつくっています。

材料

プラム……1kg
氷砂糖……300～500g
ホワイトリカー……1.8ℓ

つくり方

①プラムは洗って水けを拭きとり、全体を竹串でさして穴をあける。又は両端を切り落とした方がエキスが早く出て、味も香りもよい。
②広口瓶に入れ、氷砂糖、ホワイトリカーを加えて漬け、冷暗所に置く。3か月後から飲み始められる。実はとり出し、細口瓶に移し替える。

＊その甘酢っぱさが好まれるプラムは、和名で「すもも」。古来からのものはハタンキョウと呼ばれ、酸っぱ味の強いものです。大粒のものは大抵欧米種で、品種はたくさんあり、酸味、甘味、香りが少しずつ違います。

（安田修子）

プルーンジャム

"セイヨウスモモ"ともいいます。濃い紅色とほのかな酸味がヨーグルトなどによく合います。

材料

プルーン……500g
グラニュー糖……（種をとった材料の重さの50%）

つくり方

①プルーンはよく洗って水けをきり、ナイフで縦に、種に当たるまで切れ目を入れ、手で二つに割って、種をとり出す。へたや傷の部分を除いて、重さを計り、鍋に入れる。

②グラニュー糖を加えて中火にかけ、煮立ったら火を弱め、あくをよくよくとりながら、ふきこぼれない火加減で、ときどき木べらで鍋底をまぜながら煮つめる。

③ふき立つ泡が大きくなり、シャボシャボ感がまだ少し残るくらいで火を止める。

（堤　勝雄）

レッドカーラントのシロップとジェリー

赤い房すぐりをシロップにしておくと、ジュース、ゼリーサラダ、タルトに用いることができます。

材料

レッドカーラント……400g
グラニュー糖……300g
ホワイトリカー……1/2カップ

つくり方

レッドカーラントシロップ

①レッドカーラントは洗って水けをきり、ホワイトリカーを全体にまぶし、砂糖をかけてとけるまでおく。

●レッドカーラントのジェリーを使って

そば粉のパンケーキ

甘酸っぱいジェリーをパンケーキに添えました。

材料

薄力粉100g／そば粉100g／ベーキングパウダー小匙3／塩小匙1/2／砂糖大匙1／卵1個／牛乳240cc／サラダ油大匙2

つくり方

①卵、牛乳、サラダ油をよくまぜて、ふるった粉類の中へ加えて、なめらかな生地をつくる。

②サラダ油（分量外）をひいたフライパンに薄く流し入れ、両面を焼く。

（浜　明子）

②火にかけ、煮立って種と皮が分かれて、はじけてきたら、中火で10～15分煮る。

③へらでつぶしながら漉してシロップをとる。

レッドカーラントジェリー

このシロップをさらに5～10分煮つめるとジェリーになる。木べらから落としてみて、球状のしずくが落ちる位の煮つめかげんにする。

（浜　明子）

ラズベリージャム

ラズベリーはバラ科のキイチゴ属。酸味も含んだジューシーな赤い実です。グーズベリー、ブラックベリーなどでも同じようにジャムをつくれます。

材料

ラズベリー……300g

グラニュー糖……180g

（ラズベリーの重さの60％）

つくり方

①ラズベリーはさっと洗って水けをとり、グラニュー糖をまぶしてしばらくおく。

②砂糖がしっとりしてきたら、弱火にかけ、木べらで底から静かにまぜながら煮る。

③水分が出てきたら中火にし、あくをこまめにとりながら、20～30分、艶が出て全体がとろりとするまで煮つめる。

（秋元摩那）

ブルーベリージャム

ブルーベリーの木は庭でも元気に育ちます。2本植えるとなりがいいということです。熟した実から順に摘んで冷凍しておき、たまったらジャムづくりです。

材料

ブルーベリー……300g

グラニュー糖……180g

（ブルーベリーの重さの60％）

つくり方

ラズベリーと同様に。ブルーベリーは煮つめすぎると冷めてからプルプルになるので、煮る時間は短めに。

（秋元摩那）

桃のワイン煮とコンポート

桃の季節に砂糖なしのワイン煮とコンポート（シロップ漬け）をつくっておくと、デザートや料理のソースに幅広く使えます。

ワイン煮

材料

桃……………………3個
（1個250g位の小ぶりのもの）
白ワイン……………………700cc
レモンの皮……………………1個分
レモン汁……………………2個分
桃のリキュール……………………大匙2
（又はブランデー）

つくり方

①桃を手でかるくこすりながら水洗いする。皮ごと縦二つ割りにし、種をとる。
②鍋にワイン、レモンの皮と汁、桃を入れ火にかける。煮立ったら、静かに沸騰する火加減で15分ほど煮る。
③火を止め、煮ている間にむけた皮をとり除き、冷めるまでこのままにしておく。
④再び中火にかけ、沸騰したら弱火にして5分煮、一晩おく。再び中火で加熱し、沸騰したらリキュールを加えて火を止める。
＊ピュレ状にして、桃の冷たいスープに、トマトソースに（酸味の中和に）、料理のソースに（ビーフステーキ・骨つき鶏の煮こみ・白身魚の蒸し煮に）に。

コンポート

ワイン煮をシロップ漬けします。

材料

桃のワイン煮……………………3個
砂糖………ワイン煮の煮汁の半量
レモン汁……………………1個分
桃のリキュール……………………大匙2
（又はブランデー）

つくり方

①ワイン煮にした桃を再び中火にかけ、沸騰したら火を止め、桃を別皿に移す。煮汁を計量し、半量まで煮つめる。
②煮つまったら砂糖を加える。砂糖が煮とけたら桃を戻し入れ、紙蓋と鍋蓋をして中火にかけ、煮立ったらごく弱火にして5分煮る。そのまま一晩おく。
③翌日中火にかけ、沸騰したらリキュールを加えて火を止める。
＊シャーベット・アイスクリーム・ババロア・スフレ・その他のお菓子に使います。

（嶋田弥生）

桃の甘煮

甘みのないかたい桃に当たったときにどうぞ。桃の種類で、ピンクになったり、クリーム色になったりします。

材料

桃……………………900g（小4個）
砂糖……………………200g
（種を除いた桃の重さの約25％・桃の甘さによって加減する）
レモン汁……………………2個分

つくり方

①桃は皮をむいて、種に向かって包丁を入れ、実を食べやすい大きさに切る。
②鍋に桃を入れ、砂糖、レモン汁をかけ、弱火で焦げないように煮る。
③水分が出てきたら中火にしてあくをとり、果肉が透き通ってきたらで

き上がり。
*風味が移っておいしくなった煮汁（シロップ）はヨーグルトにかけたりと、最後まで楽しめます。（齊藤　紘）

桃のジャム

ふぞろいの桃がたくさんあるときには、レモンの酸味をプラスしてジャムに。水や炭酸で割ればビバレージ（飲みもの）にもなります。

材料
桃……1個（約350g）
レモン汁……100cc（約$1\frac{1}{2}$個分）
レモンの皮……1個分
水……100cc
砂糖……200g
（桃の重さの60％）

つくり方
①桃は洗って皮と種をとり、実は薄切りにしてレモン汁の$\frac{1}{3}$をまぶしておく。
②鍋に水、ピーラーで大きくむいたレモンの皮、桃の皮と種を入れて火にかける。水にきれいな色がついたら漉す。
③鍋に②と残りのレモン汁、桃の果肉を入れて強火にかけ、煮立ったら弱火にしてあくをとり、水分を煮つめる。
④砂糖を入れ、とけたら強火にし、煮立ったら弱火にしてあくをとり、火を止める。
*桃のジャムとレモン汁、水、氷をミキサーにかけて飲みものに。分離しやすいので、すぐに供します。ヨーグルト（好みの量）を加えてもよいでしょう。（嶋田弥生）

奥／ヨーグルトを加えた飲みもの

●桃の甘煮を使って

桃のかんたんシャーベット

清涼感あふれる桃のシャーベット。

つくり方
器（できれば金属製のものがよい）に桃の甘煮を煮汁（レモン汁を加えてもよい）も一緒に入れて冷凍庫で凍らせる。途中で3〜4回、かたまりかけたところをかきまぜる。なめらかになればでき上がり。
*泡立てた卵白とまぜて、本格的なシャーベットをつくってもおいしいものです。（齊藤　紘）

トマトのジャム

なにもトマトをジャムにしなくてもとお思いでしょうが、わが家の子どもたちが喜んでくれた味です。

材料

トマト(完熟)…………500g
砂糖…………60〜75g
(トマトの正味の重さの12〜15%)
レモン汁…………少々

つくり方

①トマトは皮を湯むきして、ざく切りにし、種やかたいところをとり除いて鍋に入れる。
②砂糖を加えてやや強火にかけ、あくをとりつつ、つぶしながら10〜15分位で煮上げる。木べらでまぜたときに、鍋底にあとが残る位にとろりとなればよい。
③冷めてから味をみてレモン汁を加える。

(福地道子)

青トマトのジャム

畑のトマトが赤くならないうちに収穫期が終わり、青い実がたくさん残ってしまったときにどうぞ。

材料

青トマト…………800g
砂糖…………500g
レモン汁…………1個分
バニラエッセンス(好みで)……少々

つくり方

①トマトはへたをとり、粗く刻んで鍋に入れる。
②レモン汁、砂糖を加えて火にかけ、あくをとりながら中火で煮つめる。

(編集部)

●ゴーヤージュースを使って

ゴーヤーゼリー

レモンの酸味と香りがゴーヤーの苦みを和らげます。

材料

ゴーヤージュース1カップ/棒寒天1/2本(粉寒天1.5g)/水1カップ(ゴーヤーの苦みによって加減する)/レモン汁大匙2

つくり方

①寒天は洗ってちぎり、分量の水に30分以上つける。
②火にかけて、寒天が充分とけたら火から下ろし、ゴーヤージュースとレモン汁を加え、水でぬらした型に流し入れて固めます。

(編集部)

セロリのジャム

意外においしいセロリのジャム。クラッカーに添えたり、タルトのフィリングにもなります。

材料

セロリ（新鮮なもの）……3本（250g）
水……1.2ℓ
レモンの皮……1個分
レモン汁……150cc（2個分）
生姜薄切り……2枚
グラニュー糖……200g

つくり方

①セロリの葉は除く。ピーラーで筋をむき、ごく薄い小口切りにする。
②レモンの皮はピーラーで大きくむく。白い部分は除く。果汁を絞り、種は除く。
③鍋に砂糖以外の材料を入れ、火にかける。
④強めの火で、あくをどんどんとりながら煮ていく。かさが半分になったら中火にして、セロリが水分から顔を出し始めたら弱火にする。
⑤砂糖を加え、煮とけたら火を強め、あくを出して、とり除く。
⑥セロリがまた水分から顔を出す位に煮つまったら、レモンの皮をとり出し、濃度を確かめ、火を止める。

（嶋田弥生）

ゴーヤージュース

ビタミンCが胡瓜の10倍もある苦瓜（れいしともいう）、夏バテ防止の野菜として好まれています。かすかな苦みのある美しい緑色のジュース、好きな人にはたまりません。

材料

ゴーヤー（苦瓜）の絞り汁…1カップ（大1本300g強から）
シロップ
　砂糖……$\frac{1}{2}$カップ
　水……$\frac{1}{2}$カップ
レモン汁……大匙4

つくり方

①ゴーヤーは縦半分に切って種と白いわたをていねいにとり、おろし金でおろして布巾で漉す。
②シロップ用の砂糖と水を煮とかして冷まし、ゴーヤーの絞り汁、レモン汁とまぜ合わせる。
＊水や炭酸で2〜3倍に薄め、氷を浮かせてすすめます。冷蔵庫で保存します。

（編集部）

西瓜のジャム

「西瓜でジャムはできない？」と質問あり。それではと試行錯誤の結果、西瓜の香りと色を残し、柑橘類を一緒に煮ることで、ジャムに欠かせない酸味ととろみをつけることができました。

材料

西瓜……1.6kg（正味1kg）
オレンジ……2個
レモン……2個
グラニュー糖…（材料の重さの50%）

つくり方

①オレンジとレモンの皮をピーラーでむく。オレンジの実は横半分に切ってジュースをしぼる。レモンは1個分ジュースをしぼる。
②湯を沸かし、①の皮を15分茹でる。
③西瓜の実を角切りにしてから種をとり除き、フードプロセッサーに3秒かけて鍋に入れ、20分ほど煮る。
④②の茹でた皮をフードプロセッサーで細かく刻み、ジュースを少量加えてさらに回し、ドロドロにする。
⑤西瓜、皮、ジュースを合わせ、その全体量の重さの50%の砂糖を加えて中火で約30分煮つめる。（編集部）

しそジュース

赤じそから鮮やかな赤を、青じそから清々しい香りをひき出し、両方のよさがミックスされたジュースです。畑のしその場合、出盛りの7月くらいの葉が香り高く、加工に最適です。

材料

赤じその葉(100～500g)……｝500g
青じその葉(0～400g)……｝

水……1.8ℓ

グラニュー糖……1kg

クエン酸……25g

つくり方

①しその葉は水を換えながら、ていねいに洗う。

②分量の水の中に両方の葉を入れて、茹でるように15分位煮て、成分をよく出す。

③葉をとり出し、きつく絞って汁けを出しきり、残った液に砂糖を加えて煮とかす。砂糖がとけたら火からおろし、クエン酸を加えて発色させる。保存は冷蔵庫で。（遠藤 操）

＊クエン酸の代わりにレモン汁なら4個分、酢（米酢やりんご酢）なら2カップ位を加えます。

しそ酒

料理に使うには少しかたくなった葉は、土用の頃に、このようにお酒にしています。咳止め、食中毒の予防によいといわれています。

材料

青じその葉……約100g

生姜……70g

レモン……4個

砂糖……200g
（蜂蜜なら1カップ）

ホワイトリカー……1.8ℓ

つくり方

①しそはよく洗ってしっかり水けを拭きとり、生姜は皮のまま薄切り、レモンは皮をむいて輪切りにする。

②広口瓶に入れ、砂糖とホワイトリカーを加えて漬けこむ。

③3か月位で漉し、液だけにして保存する。（伊藤敬子）

秋

さあ、いよいよ実りの秋の到来です。
ぶどう、栗、梨、柿、そして野菜はさつま芋に南瓜。
甘煮づくりの作業はたけなわ。冬にむけてのまとめづくりに精がでます。

栗

いろいろに加工して保存できる木の実です。栄養的には糖質とタンパク質、またビタミンB_1、Cを含んでいます。少々手がかかっても、これだけは欠かさずつくるという方が多い渋皮煮は秋の甘煮の代表格。ひと粒で満足する趣のある一品です。あくぬきの仕方が異なる3種類の煮方をご紹介します。

栗の渋皮煮〈I〉

茹でこぼすだけであくをぬいてつくる方法です。砂糖は40～60％位でお好みの甘さにしてください。保存は瓶詰めか冷凍で。

材料

栗……………(鬼皮をむいて)800g
砂糖…………………………450g
(皮をむいた栗の約55％)
醤油…………………………小匙1

つくり方

①栗の鬼皮をむく。栗を熱湯に10分ほど浸けるとむきやすい。渋皮にきずをつけないように、まず底のかたい部分を包丁でむき、脇の皮を両側にはがすようにむく。(写真2)

②鍋に栗を入れてたっぷりの水を加え、中火にかける。煮立ったら弱火で5分茹でて湯を捨て、新しい水に換えて同じように茹でこぼす。これを3回くり返してあくをぬき、最後は1時間位、竹串がすーっと通るほどの柔らかさに茹でる。

③水にとり、指のはらで栗をこすって、綿のようなものと深く入っている筋をとる。(写真3・4)

④4～5回水を換えながら一晩おき、水が澄むまでさらす。

⑤翌日新しい水にとってもう一度茹でる。(写真5)鍋を蛇口の下に持っ

1

2

3

4

5

6

ていき、水を出しながら冷まし、手で静かにひき上げる。

⑥鍋に栗を入れ、ひたひたに水をそそぎ、砂糖を加えて弱火にかける。紙蓋をして20~30分煮含め、最後に醤油を加えて火を止める。冷めるまでそのままおき、味を含ませる。（写真6）

（成瀬すみれ）

栗の渋皮煮〈Ⅱ〉

これは重曹を使ってあくをぬく、従来からある、いちばん一般的なつくり方です。親しい方への贈りものとして最適。とても喜ばれます。

材料

栗……（鬼皮をむいて）3kg
重曹……小匙1
砂糖……（茹でた栗の重さの40%）
塩……小匙1
レモン汁……1個分

つくり方

①渋皮を傷つけないように鬼皮をむく。底側からとがった方へナイフを入れるとむきやすい。収穫から日数がたった皮がかたいものは、さっと茹で、温かいうちにむく。

②鍋に栗とかぶる位の水を入れ、重曹を加えて一晩おく。

③翌日、そのまま火にかける。煮立ってきたら弱火にし、20~30分茹で、そのまま冷ます。

④渋皮についている筋や、綿のようなものを綿の指サックか軍手とつま楊枝でとる。とりにくいときは、後何回か茹でこぼす間にきれいにする。水を換え、弱火にしてかぶる位の水を加え、煮立ったら約30分茹で、そのまま冷ます（水の量は常にかぶる位を保ち、減ったら水を足す）。これを4~5回くり返す。不透明だった茹で汁が、だんだん透明になり、鮮やかなワインレッドになる。渋がぬけているか、かたさはどうかみる。

⑤茹で上がった栗を計り、砂糖はその40%を用意する。

⑥鍋に栗を入れ、水をひたひたかやや少なめに入れて（砂糖が入ると水分が増えるので）火にかける。

⑦温まったら砂糖を3回位に分けて入れ（とけたら次の分を入れる）、弱火で30分、あくをとりながら煮る。そのまま冷ます。

⑧塩（味がはっきりする）とレモン汁（甘さがすっきりする）を加え、弱火で30分煮て、そのまま冷ます。もう一度火にかけ、じっくり味を含ませる。

⑨瓶に詰め、栗が汁に浸った状態で保存する。

（三宅信子）

灰汁水につけて煮る渋皮煮

灰汁水に一晩つける昔ながらのこだわりの煮方です。わら灰が入手できたら、一度お試しください。

つくり方

①灰汁水をつくる。水1ℓに燃えきったわら灰1カップの目安で、3ℓの灰汁水をつくり、この上澄みを使う。

②栗（1kg）の鬼皮をていねいにむき、灰汁水の上澄みに一晩つける。

③翌日、たっぷりの水に換えて火にかけ、弱火で20~30分煮て茹でこぼす。これを何回かくり返し、茶色だった水が薄くなってきたら、筋の間をとり除き、水でよく洗い、そのまま2時間位つけておく。

④もう一度火にかけ、栗が充分柔らかくなるまで、1時間位茹でる。

⑤人肌になるまで冷ましたのち、手でざるに上げ、水をきる。

⑥水800ccに、計った栗の重さの60~80%の白ざらめを入れて煮とかし、栗を入れ、弱火で30~40分煮含め、そのまま冷ます。

⑦栗をひき上げて、煮汁だけを半分に煮つめ、少量の塩を加え、栗をもどして味をしみこませる。（伊藤テル子）

栗きんとん

鬼皮ごと茹でて、栗の味をおいしく保存します。冷凍しておき、お正月用に、またおはぎにしたりと一年中楽しめます。

材料

栗……（茹でて皮を除いた正味）1kg
砂糖……………………300〜350g
（栗の正味の重さの30〜35%）
水……………………………1カップ
水あめ（好みで）……………大匙2

つくり方

①栗は洗って、鬼皮ごとたっぷりの水とともに火にかけ、約1時間柔らかくなるまで茹でてざるに上げる。
②栗が熱いうちに半分に切って、スプーンで中身をとり出し、正味量を計る。
③厚手鍋に栗、砂糖、水を入れて火にかけ、木べらで鍋底を前後にこするようにまぜながら練り上げる。仕上げに水あめを加えると艶が出る。

（臼井玲子）

栗のペースト

栗は皮をむいてから、柔らかく煮ます。甘味をつけたペースト状にしておくと、和風にも洋風にも使えます。

材料

栗……………700g（正味400g）
砂糖……140g（栗の正味の約35%）

つくり方

①栗は熱湯に10分浸けて皮をむきやすくし、鬼皮と渋皮をむく。
②鍋に栗とひたひたの水を入れ、弱火の強で15分ほど、栗が充分に柔らかくなるまで煮、火を止める。
③粗熱がとれたら、煮汁ごとフードプロセッサーにかけてペースト状にする。
④鍋にもどし、砂糖を加えて中火にかけ、鍋の底に木べらで筋がひける位にまで練る。

（成瀬すみれ）

栗の甘露煮

料理の口取りに、つぶしてお正月のきんとんに、またお菓子にといろいろに使える甘露煮です。

材料

栗…………700g（正味400g）
くちなしの実…………1個
水…………3カップ
砂糖…（栗の正味の重さと同量）400g
みりん…………1/4カップ
酒…………大匙2
塩…………小匙1/3

つくり方

①栗は熱湯に10分位つけてから、鬼皮と渋皮をむき、むいたものから水に浸ける。傷んでいるところがあったり、渋皮が残っていると色がわるくなるので、ていねいにむく。
②水を換え、栗と半分に割ったくちなしの実を入れて一晩おく。
③翌日くちなしをとり出して、そのまま火にかけ、竹串がすーっと通るほどに茹で、鍋肌にそわせるように流水を入れながら、栗が冷めるまでさらす。
④鍋に水、砂糖、みりん、酒、塩を入れて煮とかし、さらした栗を加えて紙蓋をし、弱火でゆっくり煮含める。

＊常に汁がかぶるようにして保存します。

（成瀬すみれ）

●栗のペーストを使って

栗のお汁粉

栗のペーストを使った、ちょっとぜいたくなお汁粉。

材料（2人分）

栗のペースト100g／牛乳60cc／角餅2個／茹で小豆大匙2

つくり方

①栗のペーストに牛乳を少しずつ加えてときのばし、弱火にかける。
②餅は半分に切って香ばしく焼いて器に入れ、温まったペーストを注ぎ、茹で小豆を添える。

＊甘さは好みで増やしてください。

（成瀬すみれ）

栗のシロップ漬け

栗をシロップで煮て味を含ませます。そのまま、お菓子に入れる、ペーストにするなど用途はいろいろです。

材料

栗……1kg
水（下茹で用）……500cc
塩……小匙1/4
シロップ
　水……500cc
　グラニュー糖……500g
ブランデー（好みで）……100cc
バニラエッセンス……少々

つくり方

①栗は鬼皮と渋皮をむく。
②下茹で用の水を沸かし、塩を加える。火を弱めて栗を入れ、静かに沸騰を保つ位の火加減で、蓋をして柔らかくなるまで茹でる。
③冷めるまでおき、栗を静かにとり出して、茹で汁を捨てる。
④鍋にシロップ用の水、グラニュー糖250g、ブランデー、バニラを入れて火にかけ、煮立ったら弱火にして、栗を静かに戻し入れる。
⑤紙蓋と鍋蓋をし、静かに沸騰してくるまで加熱し、煮立ったら、火を止め、そのまま一晩おく。（次頁に続く）

●栗のシロップ漬けを使って

即席マロングラッセ

マロングラッセをもっと気軽にできないものかと考えたつくり方です。

材料

栗のシロップ漬け適宜
砂糖衣■粉砂糖／ブランデー又はウイスキー、又は好みのリキュール（ラム酒、コアントロー、日本酒でも）

つくり方

①シロップ漬けの栗を実とシロップに分ける。シロップをかるく煮立て、火を弱めて栗を入れ、蓋をして2分ほど、栗が熱くなるまで加熱する。
②ざるの上に栗をそっと出し、重ならないようにして乾かす。
③砂糖衣をつくる。ボウルに粉砂糖をふるい入れ、ブランデーを少しずつ加えて、とろりとした衣にする。
④②の乾いた栗をスプーンで衣にくぐらせ、サラダ油をぬった金ざるの上において乾かす。
⑤5分位して、表面が乾けばでき上がり。埃よけの紙をかぶせて、湿気のない温度の低い場所におく。3～4日は充分おいしい。

（嶋田弥生）

⑥翌日、栗をとり出して煮汁を一度漉し、残りのグラニュー糖250gを加えて煮立たせる。
⑦弱火にして栗を戻し、紙蓋、鍋蓋をして、静かに煮立たせ、熱いままを保存瓶に入れる。　（嶋田弥生）

マロンバター

栗の甘煮をペーストにし、卵黄とバターを加えて練ったもの。トーストやケーキに利用できます。

材料
栗……………………700g（正味500g）
砂糖……………………1カップ
（栗の正味の重さの20～25％）
卵黄……………………1～2個
バター……………………約60g
ブランデー……………………少々

つくり方
①栗は皮ごと5分ほどかるく茹でる。（バニラビーンズがあれば、一緒に入れるとよい）
②鬼皮と渋皮をむき、ひたひたの水と砂糖を加え、火にかけて煮る。
③柔らかくなったら栗をボウルにとり、煮汁を加えながらつぶしてかためのクリーム状にする（フードプロセッサーでもよい）。
④鍋に入れて火にかけ、卵黄とバターを加えて練る。全体がまざり、火が通ったら、最後にブランデーで香りづけをする。　（浜　明子）

●マロンバターを使って

マロンのコーヒーケーキ

コーヒー入りのスポンジケーキにマロンバターをはさみました。

材料　25×27cm天板
スポンジ生地■薄力粉150g／ベーキングパウダー小匙1／卵大1個／砂糖100g／濃く煎れたコーヒー70cc（インスタントコーヒーも可）／サラダ油50cc
マロンクリーム■マロンバター200g／マーマレード大匙1～2／生クリーム80～100cc／ブランデー又はコアントロー大匙1

つくり方
①スポンジ生地をつくる。粉とベーキングパウダーを合わせてボウルにふるい入れる。
②コーヒーに卵黄、サラダ油を合わせ①の粉に加えながら、艶が出る位に練りまぜる。
③卵白をかたく泡立て、②に加えて合わせる。
④紙を敷いた天板に流し、170℃位のオーブンで12～13分焼き、冷ましておく。
⑤マロンバターにマーマレード、生クリームを加えて好みのかたさにととのえ、洋酒を入れる。
⑥スポンジ生地を適当なサイズ（2枚か3枚に）に切り、マロンクリームをはさんで仕上げる（仕上げにココア又は粉糖をふってもよい）。　（浜　明子）

いちじく

漢字では無花果と書きます。品種が沢山あり、初夏に成熟するものと、秋に熟すものがあります。酸味の補いにレモン汁を加えると、赤い色が冴え、美しく仕上がります。

いちじくの甘煮

皮つきのままの形を生かしながら、艶よく煮上げます。

材料

いちじく……………600g(6〜7個)
砂糖……………………120g
酢……………………………大匙1

つくり方

①いちじくは皮のままよく洗って、鍋に重ならないようにひと並べに入れて砂糖と酢を加え、蓋はせずに弱火で煮る。
②途中浮いてくるあくをすくいとり、少し煮つまってきたら、焦がさないように、ときどき鍋を動かしながら、煮汁がとろっとなるまで、煮含ませていく。（成瀬すみれ）

いちじくの蒸し煮

蜂蜜をかけて蒸します。やさしい甘味で、柔らかくふっくらとした仕上がりになります。

材料

いちじく(完熟)……………600g
蜂蜜……………………130〜160g
レモン汁……………………1/2個分

つくり方

①いちじくは軸の方から縦に皮をむいて、平らな耐熱容器に並べ、上から蜂蜜をかける。
②蒸気の上がった蒸し器に入れ、強火で15〜20分蒸す。
③冷めてから、レモン汁をかける。
＊冷蔵庫で3週間は保存できます。
＊蒸してから赤ワインをひたひたにかけると、大人向きのデザートに最適。冷凍庫で凍らせていただくのもおいしいものです。（成瀬すみれ）

いちじくのコンポート

赤く色づいた皮からきれいな色が出るので、皮つきのまま煮ます。冷たくしてそのまま供するほか、シャーベット、ババロアなどに使えます。

材料

いちじく……500g
白ワイン……400cc
レモンの皮……1個分
レモン汁……1個分
シロップ
煮汁……
砂糖……煮汁と同じ重さ
レモン汁……1個分

つくり方

①いちじくはさっと冷水で洗う。
②いちじくをひと並べできる厚手鍋に皮つきのまま入れ、白ワイン、レモンの皮と絞り汁を加えて強火にかける。煮立ったら静かに沸騰を保つ火加減で3分ほど煮る。
③火を止め、いちじくを別皿にとり出して2～3時間おき、皮の色を実の方にうつす。
④いちじくの皮をむき、皮は煮汁に入れる。
⑤この煮汁にレモンの皮も入れて火にかけ、ひと煮立ちしたら漉す。
⑥⑤にいちじくを入れ、煮立ったら火を弱め、5分煮て火を止め、冷めるまでおく（一晩おくとなおよい）。
⑦シロップをつくる。冷めたいちじくをとり出し、煮汁を半量に煮つめ、砂糖、レモン汁を加え、砂糖がとけたらいちじくを加える。
⑧紙蓋をし、中火で煮る。沸騰したら火を止め、冷めるまでおく（一晩おくとなおよい）。
⑨もう一度中火にかけ、沸騰したら火を止める。
＊ワインで煮た場合、保存は冷蔵庫で。3か月位で食べきります。ワインを水に代えてつくれば、冷蔵庫で1年は保ちます。

（嶋田弥生）

いちじくジャム

皮を煮出してとった赤い液を加えてつくる方法です。

材料

いちじく……500g
レモンの皮……1個分
レモン汁……1個分
水……100cc
グラニュー糖……300～350g

つくり方

①いちじくをごくかるく手でこすりながら水洗いし、けばをとる。
②縦四つ切りにして皮をむき、薄切りにする。
③小鍋にいちじくの皮、レモンの皮、レモン汁の半量、水を入れ、中火にかける。煮立ったら、水分が半量になるまで煮つめる。
④その間に厚手浅鍋に、いちじくと残りのレモン汁を入れておく。
⑤③の煮つめた液体を④のいちじくの鍋に漉し入れて強火にかける。
⑥煮立ったら中火にし、あくをとりながら煮る。水分が$1/3$位になったら弱火にし、砂糖を入れる。
⑦砂糖が煮とけたら、沸騰させて、弱火にし、あくをとる。（嶋田弥生）

手前／赤ワイン煮　奥／白ワイン煮

洋梨

とろけるような果肉の甘みと香りが魅力です。生のまま料理にもデザートにも用いられますが、ワイン煮や甘煮にして保存しておくと、次にご紹介するように、使い回しがきいて便利です。

洋梨のワイン煮と甘煮

洋梨を砂糖なしのちょっとぜいたくなワイン煮と、砂糖を加えた甘煮にしておきます。ワイン煮は、魚・肉料理のソースに、甘煮はシャーベット、ババロアなど、デザートとして楽しめます。

材料

洋梨……1.5kg(約10個)
レモンの皮……1～2個分
レモン汁……1～2個分
ワイン(白・赤・ロゼなど)……750mℓ×2本(洋梨にかぶる位)
シナモンスティック……1本
クローブ……1本

つくり方

①洋梨は洗って丸のまま、又は四つ割りにして種をとり、ピーラーで皮をむく。下部の花落ちの部分はとり除き、上部の軸はつけておく。
②鍋に洋梨、レモンの皮、レモン汁、ワイン、スパイスを入れ、中火にかけ、沸騰したら弱火にして、あくをとる。
③紙蓋と鍋蓋をし、弱火で30分～1時間煮る。
④火を止めて冷めるまでおき、レモンの皮はとり除いて、容器に移す。
＊甘煮にする場合は、④で冷ました洋梨をとり出し、煮汁を再び火にかけ、砂糖(洋梨の重さの40～50％)を加え、とけたら洋梨をもどし入れ、弱火で30分煮る。火を止めて、冷めたら容器に移す。
(嶋田弥生)

梨のシロップ漬け

日本の梨でつくる、さっぱりとした口当たりの、冷たいデザート。

材料

梨(長十郎、又はラ・フランスでもよい)……2個
黒粒胡椒……36粒
生姜……100g
砂糖……150g
水……4 1/2カップ
シナモン(好みで)……少々
松の実(好みで)……少々

つくり方

①生姜は皮をむいて薄切りにし、分量の水で2～3分煮立てる。生姜をとり出し、砂糖を加えてもう一度煮立てる。
②梨は縦四つ切りにし、芯をとって

皮をむき、粒胡椒を所々に差しこむ。
③①のシロップに梨を入れ、柔らかくなるまで15～20分煮る。そのまま冷まし、冷蔵庫で保存。
＊器に盛り、シロップをかけ、松の実2～3粒とシナモンをかけてすすめます。　（裘　芝薫）

梨のシロップ漬け

洋梨のシロップ煮

出盛りのフルーツがたくさん手に入ったときは、シロップ煮にして瓶詰めにしておくと便利です。洋梨のほか、白桃、ネクタリンなどでもよいでしょう。

材料

洋梨（ラ・フランスなど）……………約1kg（4～5個）
シロップ
　グラニュー糖……………300g
　水……………2カップ
レモン汁……………1/2個分
（又はクエン酸小匙1/4）
洋酒（コアントローなど）……大匙2

つくり方

①グラニュー糖と水を合わせて火にかけ、シロップをつくる。
②シロップの中に、皮をむいて縦四～六つ割りにして芯をとった洋梨とレモン汁を入れて中火にかけ、静かに10分ほど煮る。
③容器にシロップごと詰め、洋酒を加えて蓋をする。　（浜　明子）

●洋梨のシロップ煮を使って

アップサイドダウンケーキ

こんがりとおいしそうな焼き色がついた洋梨のアップサイドダウンケーキです。

材料　直径22cmのケーキ型
洋梨のシロップ煮4～5切れ／干しプルーン（種なし）7～8個
バターケーキ生地■バター（室温に）60g／砂糖100g／卵1個／薄力粉150g／ベーキングパウダー小匙1／洋梨のシロップ120cc／バター（とかして）50g／赤砂糖1/3カップ

つくり方

①型の底にとかしバターを流して、赤砂糖をふり、好みの厚さに切った梨と、プラムを並べる。
②生地をつくる。バターと砂糖を泡立て器でよくまぜ、卵を加えてまぜる。
③②に粉（ベーキングパウダーと合わせてふるう）と洋梨のシロップを、交互に加えてまぜ合わせ、①の梨の上に流しこむ。
④180℃のオーブンで35～40分（できれば下火をきかせて）焼く。
⑤焼き上がったら熱いうちに底が上になるように大皿に返して出す。　（浜　明子）

ぶどう

聖書にもぶどう園のたとえ話が登場するなど、ぶどうは紀元前三千年以前から人と関わってきた果実です。

種類は多く、東洋系の代表は甲州ブドウ。加工には色の濃いベリーA、キャンベル、巨峰などが向いています。最盛期の9月にジュースやジェリー、ジャムをつくると、味もよく、色も美しく仕上がります。

ブドウ糖や果糖が多いので、ほかのくだものに比べて甘みが強く、巨峰やベリーAは糖分が18％にもなります。酸は1％で、酒石酸を含んでいるのが特徴。ビタミンや無機質は多くありません。

ぶどうジェリーとジャム

ぶどうを煮て漉し、しぼり汁と実に分け、液体でジェリー（後述）を、固体からジャムをつくる方法です。ぶどうの種類はキャンベル、ベリーA、巨峰などで。

材料

ぶどう……枝なしで300g
水……100cc
レモン汁……大匙3

ジェリー

漉しとったぶどうの液体……150cc
レモンの皮……$\frac{1}{2}$個分
レモン汁……大匙2～3
グラニュー糖……60g

ジャム

漉したあとのぶどうをさらに裏漉ししたもの……100cc
レモンの皮……$\frac{1}{2}$個分
レモン汁……大匙2～3
グラニュー糖……60～70g

プロセスのぶどうの量は、上記材料表とは異なっています

手前／ぶどうジャム　奥／ぶどうジェリー

つくり方

①ぶどうは洗ってざるに上げ、実を房からはずす。

②浅鍋に実、水、レモン汁を入れ、強火にかける。沸騰したら火を弱め、くつくつと沸騰が持続する火加減で、あくをとりながら2～3分煮る。(写真2)

③実と皮が離れ、きれいな皮の色が水分の方に移ったら火を止める。

④すぐにボウルに受けて金ざるにあけ、実と汁に分ける(押さずに)。(写真3)

⑤漉しとった汁を鍋に入れる。ざるに残った実はボウルに入れておく。この液体がジェリーの素に、固体がジャムの素になる。

ぶどうジェリー

⑥鍋の中の液体は約150ccとれるので、レモン汁、レモンの皮を入れて火にかける。(写真4)強火で$\frac{2}{3}$量位になるまで、あくをとりながら煮つめる。(写真5)

⑦弱火にし、レモンの皮をとり除き、砂糖を加える。(写真6)煮とけるまでは弱火、とけたら強火にし、沸騰したら火を止める。(写真7)

ぶどうジャム

⑧⑤の実を種をとりながら裏漉しにかける。(写真8)漉したものと、おいておいた間に出た液体があれば加えて浅鍋に入れ、レモンの皮とレモン汁を加えて火にかける。

⑨沸騰したら弱火にし、あくをとってから砂糖を入れる。煮とけたらレモンの皮をとり除いて強火にし、沸騰したら火を止める。(写真9)

＊鍋のサイズが大切です。②の段階ではぶどうが重ならず一段で並びきる大きさの浅鍋が理想的。深鍋は蒸発率が低く、加熱時間が長くなるので、色がきれいに仕上がりません。

(嶋田弥生)

マスカットジャム

あくをひたすらていねいにとることで、澄んだ色のジャムができます。マスカットなら薄いピンクの仕上がりになりますが、ぶどうによって違った色合いが楽しめます。皮ごといただけます。

材料

マスカット……………1kg（約2房）
（又は巨峰）
レモン汁……………大2個分
砂糖……………500g
（マスカットの重さの50%）

つくり方

①ぶどうは洗って水をきり、1粒ずつ横に割って種をとる。
②鍋にぶどう、砂糖を入れ、その上からレモン汁を加え、弱火にかける。水分が出てきたら中火にし、沸き上がってくるあくをていねいにとる。
③約40分～1時間煮、泡が大きくなり、かきまぜてとろみが出てきたらでき上がり。

（齊藤　紘）

ぶどうのシロップ漬け

色も味も個性的な品種が店頭に並ぶようになりました。大粒のぶどうをワインと香辛料につけた、大人向きのシロップ漬けです。ちょっとおしゃれな前菜などにいかがでしょう。

材料

マスカット・ピオーネなど
シロップ
A
ワイン（甘口）……………200cc
（マスカットは白、ピオーネは赤）
アップルビネガー……………50cc
レーズン……………50g
砂糖……………大匙1
シナモンスティック……………1/2本
（パウダーなら小匙1/2）

つくり方

①Aの材料を合わせて、保存瓶に入れる。
②ぶどうの皮をていねいにむいて、かぶる位のシロップに漬けこむ。
＊漬けて2～3日してからがおいしくなります。

（編集部）

ぶどうジュース

黒ぶどうでも青ぶどうでも、好みの品種で。飲みもののほか、ゼリーやソースに使えます。

材料　でき上がり約900cc

ぶどう……………1.5kg
水………………300cc
レモン汁…………1個分
グラニュー糖……………（とれた液体の重さの60～70％）

つくり方

①ぶどうは洗い、房から実をはずして鍋に入れ、水、レモン汁とともに強火にかける。
②蓋をして完全に沸騰させ、かるくかきまぜてもう一度沸騰させる。
③皮と実が離れたらすぐに火を止め、ボウルに受けてざるに上げ、液体を漉す。そのまま1時間おき、静かに液体を滴り落とす。
④液体の重さを計り、砂糖を加えて強火にかける。沸騰したらあくをとり、火を止める。

（嶋田弥生）

●ジュースをとった後の実を使って

ぶどうのひと口ゼリー

ジュースをとった後、ざるに残った実をさらに裏漉してゼラチンで固め、砂糖をまぶしたひと口菓子。

材料　12×15cmの流し箱2個分

ジュースをとった後さらに裏漉したぶどう3カップ（ぶどう1.5～1.6kgからとれる量）／グラニュー糖420g（裏漉したものの重さの70％）／板ゼラチン12枚（18g）

つくり方

①板ゼラチンをたっぷりの水につけ、ふやかす。
②裏漉したぶどうを焦げつかないように煮つめて2カップにする。砂糖を加え弱火で煮とかす。
③火からおろし、水をきったゼラチンを加える。
④型にサラダ油（分量外）をうすらとぬり、③を流しこむ。すっかり固まったらオーブンシートの上に返し、好みの大きさに切り分ける。
⑤粉砂糖又はグラニュー糖（分量外）をまぶし、網の上で乾かす。
＊室温でもとけないように、ゼラチンの量を増やしてあります。気温が高い季節は冷蔵庫に入れてください。10日から2週間はもちます。

（嶋田弥生）

キウイジャム

庭になるキウイフルーツの実は酸味があってジャムやフルーツソース向き。短時間で手早くつくります。

材料

キウイフルーツ…………正味1kg

砂糖…（キウイの重さの40%～同量）

つくり方

①キウイは皮をむいて1個を3～4つに切り、ミキサーかフードプロセッサーにかけて、ピュレ状にする。

②鍋に入れて強火にかけ、砂糖を加えて木べらでまぜながら、素早く煮上げる。

（村川協子）

キウイの甘煮

食べようと切ってみたら、とても酸っぱかった…。そんなときは、迷わず砂糖で煮てしまいます。

材料

キウイフルーツ…小5個（正味350g）

砂糖……（キウイの重さの40～50%）

つくり方

①キウイは皮をむき、厚さ2～3mmの輪切りにし、砂糖を加えて火にかける。

②あくをとりながら煮て、あくが出なくなり、煮立つ泡が大きくなったらでき上がり。

（深沢トシ）

キウイ酒

キウイフルーツは熟す前のかたいものがよく、熟し過ぎると酒が濁ってきます。酸味や香りがあまりないので、レモンで補います。

材料

キウイフルーツ……………500g

グラニュー糖……………300g

ホワイトリカー…………1.8ℓ

レモン…………………2個

つくり方

①キウイはさっと洗って、水けを布巾でよく拭きとり、皮をむいて1cmの輪切りにする。

②広口瓶に入れ、グラニュー糖、ホワイトリカー、レモンの輪切りを加えて漬けこむ。

③1か月おいた後、実をとり出し、2か月熟成させる。

④布で漉して口の細い瓶に移し換える（濁りやすいので、早めに漉す）。

（安田修子）

ざくろのシロップ

皮が厚く、中はほとんどが種ですが、絞ると美しい赤色の、酸味のつよい果汁がとれます。ゼリー、パンチ、ケーキのトッピングに。果汁は果肉の重さのおよそ1/4とれます。

材料

ざくろ……………………1kg
グラニュー糖……………（ざくろの重さの50～100%）

つくり方

①ざくろは皮をむき、実をほぐす。
②グラニュー糖をかけて一晩～24時間おく。
③さらしの布巾（袋）に入れてしぼるか、金ざるで漉す。
＊フレッシュさを味わうならこのまま冷蔵庫で保存。2か月位はもちます。もう少しもたせたいなら冷凍するとよいでしょう。
＊手早くつくりたいときには25%位の砂糖で10分位煮て漉します。

（浜　明子）

●ざくろのシロップを使って

ざくろのゼリー

ざくろのシロップを使って真紅のゼリーを。白いココナッツソースを添えました。

材料　プリン型5～6個

ざくろのシロップ150cc／ワイン（赤でも白でも）100cc／粉ゼラチン大匙1／水大匙3
ココナッツソース■ココナッツミルク200cc／砂糖大匙2／コーンスターチ大匙1

つくり方

①ゼラチンを水でしとらせ、湯煎でとかす。
②ざくろのシロップ、ワイン、ゼラチンを合わせ、器に入れて冷やし固める。
③ココナッツソースの材料を合わせてしずかにクリーム状になるまでまぜながら煮る。冷やしてソースに。

（浜　明子）

柿のシロップ漬け

柿をシロップ漬けにしておくと、そのままデザートにお茶うけに、またケーキに焼きこむなどして使えます。

材料

甘柿……………2～3個

シロップ

「砂糖……………1カップ

 水……………1カップ

つくり方

①柿は四～八つ割りにして皮と種をとり、一度煮立てて冷ましたシロップに漬ける。

②二日もすれば使える。

＊保存は冷蔵庫で。シロップごとフリージングもできます。

（浜　明子）

柿のペースト

柔らかい柿は、裏漉してペーストにし、パンやケーキなどに焼きこむことができます。柿ブレッド、シフォンパイ、シフォンケーキ、パウンドケーキなどに。

材料

甘柿(完熟)……500g

ホワイトリカー……2/3カップ

砂糖……（柿の正味の重さの約30％）

つくり方

①柿は皮と種を除いて刻み、ホワイトリカーと砂糖をかける。

②中火で煮てから、裏漉す（フードプロセッサーにかけてもよい）。

（浜　明子）

●柿のペーストを使って

柿ブレッド

柿のペーストをパン生地に焼きこんだ変わりパン。

材料　パウンド型大2本分

全粒粉500g／ドライイースト10g／ぬるま湯大匙2～3／塩小匙1／牛乳200cc／バター40g／卵1個／柿のペースト1カップ

つくり方

①湯にイーストと塩を加える。

②牛乳は一度熱して火からおろし、バターを加えて少し冷まし、温かいうちに卵、柿ペースト、①のイーストと合わせる。

③粉をふるって、ボウルへ入れ、真ん中をくぼませて②を加えながらまぜ、柔らかめのたねをつくる。

④そのままカバーをして、2倍に膨らむまでおく。

⑤一度つぶしてひとまとめにし、バター（分量外）をぬった焼型に入れ、もう一度2倍位に膨れたら200℃のオーブンで30～40分焼く。

好みのナッツ（くるみ、アーモンド、ココナッツ、粗摺り胡麻）を練りこんでもおいしい。

（浜　明子）

マルメロのジャム

マルメロはその色と芳香から、よく花梨と間違えられますが、表皮に白い産毛がついているのがマルメロ、形も花梨より丸みを帯びています。日もちがするので、部屋に飾っておくと、よい香りをしばらく楽しめます。昔の人は箪笥の引き出しに入れておいたとか。

食用としては、花梨と同じく、果実酒、蜂蜜（砂糖）漬けなどがよく知られていますが、ジャムやジェリーにしてもおいしいものです。

材料

マルメロ……………………1kg
グラニュー糖……………………（マルメロの正味の50％）
レモン汁……………………1個分

つくり方

①マルメロはよく洗い、縦に四つ割りにしてから、皮をむき、芯の部分をとり除く。
②変色しやすいので、ボウルに約1％の塩水を用意し、マルメロを浸けておきながら、5㎜厚さの扇形に切り、端から塩水に放していく。
③水をきって鍋に入れ、レモン汁を加え、砂糖を加えて中火にかける。
④砂糖がとけて水分が出始め、煮立ってきたら火を弱め、まめにあくをとりながら、果肉が煮くずれるまで（かたいのでやや時間がかかる）、ときどき鍋底からまぜながら煮る。

（勝　雄太郎）

花梨酒《かりんしゅ》

よく庭木として植えられている花梨の果実はとてもよい香りを放ちますが、組織がかたく、渋みもあるところから、生食には向かないので、シロップ漬け、砂糖漬け、果実酒に加工されてきました。花梨酒は咳止めや疲労回復によいといわれます。

材料

花梨（熟したもの）……………1kg
グラニュー糖（又は氷砂糖）……300g
ホワイトリカー……………1.8ℓ

つくり方

①花梨の実の表面をよく洗い、乾いた布で1つずつよく拭きとる。
②厚さ1㎝位の輪切りにし、種もそのまま捨てないで、広口瓶に入れる。砂糖、ホワイトリカーを加え、密封して冷暗所におく。
＊3か月目から飲み始められます。6か月から1年後に漉して口の細い瓶に入れ替えます。花梨は長くおいた方が香りも口当たりもよいようです。

（安田修子）

クランベリー

赤くて酸っぱいオオツルコケモモの実です。
生は秋に、冷凍のものは通年出回っています。

左／クランベリーソース　右／シロップ

北アメリカ北東部の原産で1～1.5cm位の球状の実がなります。一六二〇年、メイフラワー号でアメリカに渡った清教徒《ピューリタン》は、原野一面を覆いつくしたツルコケモモを見つけました。先住人のインディアンたちがこの実を肉と合わせて食しているのに倣って、彼らは最初の収穫感謝祭の晩餐に、七面鳥と一緒にこのクランベリーを食べることにしました。以来、毎年サンクスギビングデイやクリスマスには、このクランベリー料理が登場する習わしとなったそうです。

クランベリーソース

甘みを控えてつくったものは、ローストターキーやローストチキンなど、肉料理のソースや、左頁のゼリーサラダに。甘みを強く煮ておけば、クランベリーパイなどのお菓子や飲みものに利用できます。

材料

クランベリー……4カップ（約400g）
グラニュー糖……（クランベリーの重さの約20～70％）
水……2カップ

つくり方

①クランベリーは洗って、砂糖と水を加えて強火にかける。
②出てくるあくをとりながら、木べらでまぜて、皮がはじけるまで5～10分位煮る。

（浜　明子）

クランベリーシロップ

クランベリーソースを金ざるで漉しとったもの。ジュースやゼリーに使える。

クランベリージャム

シロップを漉した残りの果肉に、適量の砂糖を加えて煮つめてつくる。

クランベリーソースとローストターキーの利用法

サンドイッチ　ほぐしたターキー（又はチキン）の身、クランベリーソース、セロリ、胡瓜、レタス、トマト、アボカド、茹で卵などをはさむ。

ターキーサラダ　ほぐしたターキーの身、短冊に切ったセロリ、胡瓜、レタス、茹で卵、くるみなどをマヨネーズと好みの量のクランベリーソースで和え、塩、胡椒で調味する。

●クランベリーソースを使って

クランベリーのゼリーサラダ

クランベリーとローストターキー（前夜の残りでよい）、玉葱、セロリ、サワークリームをまぜてゼラチンで固めたサラダ。甘酸っぱさとゼリーの塩味がまざり合ったふしぎなおいしさです。

材料　24×10×8㎝の角型・容量1.5ℓ

Aクランベリーソース（甘さ控えめで煮たもの）1½～2カップ／粉ゼラチン大匙1／水⅓カップ

B［調理したターキー（又はチキン、1㎝の角切りかほぐして）2カップ／スープ2カップ／塩小匙½／玉葱のすりおろし大匙1／セロリのみじん切り1カップ／サワークリーム（又はマヨネーズ）½カップ］／粉ゼラチン大匙2／水½カップ

つくり方

①AとBのゼラチンをそれぞれ分量の水でしとらせる。

②Bのゼラチンを湯煎でとかし、そのほかのBの材料とまぜ合わせ、塩味を確かめる。油をぬった容器に流し入れ、冷やし固める。

③Aのゼラチンを湯煎でとかし、クランベリーソースと合わせ、固まった②の上に流し、冷やし固める。

（浜　明子）

●クランベリーソースを使って

クランベリーマフィン

ほどよい酸味がうれしいクランベリー入りのマフィンです。

材料　マフィン型10～12個分

卵1個／牛乳200cc／サラダ油¼カップ／クランベリーソース（甘めのもの）½カップ／薄力粉240g／ベーキングパウダー小匙3／塩小匙½

つくり方

①卵、牛乳、サラダ油、クランベリーソースを合わせてまぜる。

②ボウルに粉、ベーキングパウダー、塩を合わせてふるい入れ、中央をくぼませて①を静かに落としながらまぜ合わせる。

③油をぬった型に入れ、200℃のオーブンで20分位焼く。（浜　明子）

さつま芋のペースト

甘さを控えたさつま芋のペーストをつくっておくと、口取りやお菓子に料理に利用できます。

材料

さつま芋（皮つき）……………600g
砂糖……………130g
（皮をむいたさつま芋の約30％）
くちなしの実……………1個

つくり方

①さつま芋は2cmの輪切りにして皮を厚くむき、4〜5分水にさらす。
②鍋にさつま芋とかぶる位の水を入れ、くちなしの実を半分に割って（袋などに入れる）加え、強火にかける。煮立ったら中火にして、柔らかくなるまで煮る。
③くちなしの実をとり出し、煮汁が少し残っているうちに砂糖を加え、とけたら冷めないうちに裏漉す（フードプロセッサーにかけてもよい）。

（成瀬すみれ）

●さつま芋のペーストを使って

芋羊羹

さつま芋のペーストを使って手軽にできる芋羊羹。さっぱりした甘さが好評です。

材料　11×15cmの流し缶
さつま芋のペースト300g／棒寒天2/3本／水2カップ／砂糖80g／塩ひとつまみ

つくり方

①寒天はよく洗って小さくちぎり、30分ほど水につけておく。
②水けをよくしぼって細かくほぐし、鍋に入れて分量の水を加え、弱火で煮とかす。すっかりとけたら、砂糖を加える。
③寒天液を万能漉し器を通して別の鍋に漉し入れ、弱火にかける。さつま芋のペーストを3〜4回に分けて加え、なめらかにしながらもう一度煮立て、塩を加える。
④鍋底を水に当てながら粗熱をとり、水でぬらした流し缶に流し入れて固める。

（成瀬すみれ）

南瓜のペースト

パンプキンパイに、茶巾絞りにと、洋風、和風どちらにもなる南瓜のペーストです。砂糖は控えめにし、必要に応じてあとから加えます。

材料

南瓜……………………………1/2個

砂糖……………………………（皮と種を除いた南瓜の20～30％）

つくり方

①南瓜は皮、わた、種をとり、2cm角に切る。

②鍋に南瓜とかぶる位の水を入れ、柔らかく煮る。

③煮くずれるほどになったところで砂糖を加え、水けをとばしながら、木べらで練ってペースト状にする。

（成瀬すみれ）

南瓜のジャム

シナモンとクローブの香りがきいたこくのあるジャム。時間をかけて艶よく練り上げます。

材料

南瓜（ホクホクした質のもの）………1個（正味1kg）

グラニュー糖………500～600g

シナモンパウダー………適宜

クローブ（粒）………少々

コアントロー………200cc

つくり方

①南瓜は洗って丸ごと蒸し器に入れ、はぜるまで蒸す。

②スプーンなどで実をすくう（残った皮はスープにしたり、マッシュポテトにまぜてもよい）。

③鍋に南瓜の重さの1/3の砂糖を入れて湯煎（又はごく弱火）にかけ、南瓜を少しずつ入れていく。木べらでぽってりするまでよくまぜる。たえず木べらで根気よくまぜながら1時間加熱し、火からおろして一晩おく。

④翌日、残りの砂糖を③の鍋に加えてまぜ、湯煎にかけて、まぜながら火を通す。こうすることが艶をよくするこつ。

⑤スパイスとコアントローを加えて練り上げる。

＊ボール状に丸めて、とかしたチョコレートをまぶせば、すてきな贈りものになります（写真左上）。

（石田エルザ）

手前／チョコレートボール　奥／南瓜のジャム

●南瓜のペーストを使って

花南瓜

丸めた南瓜団子にもち米をまぶして蒸します。できたてでも冷めてもおいしい和菓子。

材料 10個分

南瓜のペースト250g／もち米2/3カップ／みりん大匙1

つくり方

①もち米は洗って水に5～6時間浸けておく（ぬるま湯なら1時間）。

②もち米の水をきって、みりんをまぶしておく。

③南瓜ペーストを10等分にして丸め、もち米をまぶしつける。

④蒸気の上がった蒸し器で15～20分蒸す（蒸している途中で、割れることがあるが、粗熱がとれてから、形を整える）。（成瀬すみれ）

甘納豆

以前海外に暮らしていたころ、どうしても甘納豆が恋しくなり、自分で考案したつくり方です。

材料

白花豆（乾豆）……………500g
砂糖………………………500g
（もどした豆の重さの約50%）
グラニュー糖……………適宜

つくり方

①白花豆は洗ってたっぷりの水に浸けて一晩おき、ふっくらもどっていたらざるにあけ、汁はとりおく。豆の重さを量り、茹で汁に戻し、柔らかくなるまで小さな火で煮る。火を止め、そのまま常温にひと晩おく。

②蜜をつくる。鍋に砂糖250gと水1カップを入れて火にかけ、煮立った泡が次第に小さくなってきたら火を止め、泡がしずまったら豆を静かに入れる。このとき豆が蜜にひたひたになるように。蜜がたりなければ熱湯を足す。蓋をして1日おく。

③ざるにあけ、蜜はとりおく。砂糖150gほどを足し、豆を入れ、蜜をひたひたにして湯煎にかける。豆が透き通ってくる様子をみながら、柔らかくなるのを待つ。

④豆をざるにあける。残った汁に残りの砂糖を加え、火にかけて少し煮つめる。火を消して豆を入れ、蓋をして6時間ほどおく。全部の豆が透き通ってクリーム色になる。

⑤バットにグラニュー糖をしき、豆にまぶしつける。網やグラニュー糖をしいたアルミホイルの上などにとり、乾かす（扇風機の風をあてるとよい）。日保ちは冷蔵庫で1週間位。

（石田エルザ）

野菜チップス

素材そのものの香りと甘さをフライドチップスに。

材料

南瓜　蓮根　人参　さつま芋
りんご……………………各50g
グラニュー糖……………適宜

つくり方

①材料は、なるべく厚みをそろえて薄く切る。

②サラダ油を中温（170℃）に温め、切ったはしからゆっくりと揚げる。途中で油の温度が上がりすぎたら、火を消しながら調節する。

③少し色がつき始めた頃でひき上げ、キッチンペーパーにとって油をきる。冷めるとだんだんパリッとしてくる。さつま芋、人参、りんごは少し冷めたところで二度揚げするとよりパリッとする。

④温かみがあるうちに、グラニュー糖を茶漉しを通してまんべんなくふりかける。

（成瀬すみれ）

冬

秋のうちから紅玉が待っています。
アップルパイ用の甘煮や、透明できれいなジェリーはいかがでしょう。
暮れが近づくころ、柚子やきんかんの収穫。これでお正月用の甘煮も準備万端です。

りんご

リンゴ酸の酸味と果糖の甘味で爽やかな口当たりです。ビタミンや無機質は少ないので、栄養価は低いのですが、ペクチンが多く、整腸作用があります。お菓子やジャムには酸っぱくて実の柔らかい、紅玉などが向いています。出回る期間が短いので時期をのがさず、まとめづくりを。

りんごジャム

赤い皮を入れて、ほんのりピンクに色づかせます。わが家では、時間をかけて艶よく煮つめたものが好みです。

材料

りんご（紅玉）……5個（正味600g）
グラニュー糖……300～360g
（りんごの正味の重さの50～60％）
りんごの皮……1個分

つくり方

①りんごはよく洗って皮をむき、八つ割りにして芯をとり、厚さを揃えて薄切りにする。（写真2）
②鍋にりんご、砂糖、その上にりんごの皮（できるだけ赤いところを）をおき、弱火にかける。浮いてくるあくはすくいとる。
③全体がほのかに赤く色づいたら、皮をとり出す。（写真3）
④りんごが透き通り、水分がほどよくなくなったらでき上がり。（写真4）。

（澤田たか子）

りんごの2色ジャム

皮つきのまま煮れば、きれいなピンクに、皮をむいて煮れば、透き通った黄色いジャムになります。

材料

りんご（紅玉）……1kg
グラニュー糖……
（りんごの正味の重さの50％）
レモン又はオレンジ……適宜

つくり方

①りんごはよく洗い、芯を除いて7mm厚さのいちょう切りにし、好みでレモンやオレンジの輪切りをのせ、

砂糖をまぜて15～20分おく。
②中火にかけ、蓋をして10～15分蒸し煮にする。蓋をとり、焦げないように底を木べらでまぜながら、水分が少し残る位まで煮る。途中浮いてくるあくはとり除く。
＊もし旬を過ぎたりんごでつくるときは、材料と相談しながら、煮るときに水を補います。　（浜　明子）

りんごの２色ジャム

りんごの甘煮

この位の甘さに仕上げた甘煮は、パイのフィリングにはもちろん、アイスクリームにかけたり、春巻きや餃子の皮で巻いて揚げ菓子にしたり、またポークソテーのソースにと、使い方が広がります。

材料
りんご……………2個（250～300g）
砂糖…（りんごの正味の重さの40％）
レモン汁……………小匙1

つくり方
①りんごは六等分して皮と芯をとり、いちょう切りにする。
②厚手鍋にりんごを入れ、きっちり蓋をして弱火で15～20分煮る。
③りんごが柔らかくなったら蓋をとって砂糖、レモン汁を加え、木べらでまぜながら、水分をとばすように煮上げる。　（成瀬すみれ）

●りんごの甘煮を使って

りんご羹

あっさりとした甘みと口当たりのよさは、お茶うけばかりでなく、お重詰めの一品にもなります。

材料　11×15cmの流し型
りんごの甘煮100g／棒寒天½本／水1½カップ／砂糖大匙2

つくり方
①寒天はよく洗って、小さくちぎり、30分ほど水に浸けておく。
②水けをよくしぼり、細かくほぐして鍋に入れ、分量の水を加えて弱火にかけ、完全に煮とかす。
③砂糖を加えて煮とかし、漉す。
④水でぬらした型にりんごの甘煮を敷きつめ、寒天液を流して固める。　（成瀬すみれ）

りんごのコンポート

紅玉が出回る時期にたくさんつくります。バニラアイスクリームやホイップした生クリームを添えてデザートに。

材料

りんご(紅玉)……1kg
白ワイン……500cc
水……500cc
砂糖……200g
レモン汁……1個分

つくり方

①りんごは皮をむき、四つ割りにして芯をとる。
②鍋にワイン、水、砂糖を入れて煮立たせ、りんごを入れて紙蓋をし、弱火で30分ほど静かに煮る。
③りんごが透き通り、竹串がすっと通る柔らかさになったら、最後にレモン汁を加え、2〜3分煮立たせて火を止める。

(澤田たか子)

●りんごのコンポートを使って

フルーツグラタン

フルーツのコンポートがあれば、こんなおしゃれなデザートがあっという間につくれます。寒い季節のおもてなしに、焼きたての熱々をいかがでしょう。

材料(2人分)

りんごのコンポート2切れ/卵黄2個分/粉砂糖60g/白ワイン80cc/レモン汁1個分

つくり方

①ボウルに卵黄と粉砂糖を入れ、湯煎にかけながら泡立てる。ワインを加え、卵黄が少し煮えてもったりするまでさらに泡立て、レモン汁を加える。
②コンポートを縦半分に切って、耐熱皿に並べ、①のソースを流し入れる。
③200℃のオーブンで5分位、きつね色になるまで焼き、でき立てをすすめる。

(澤田たか子)

アップルソース

トーストやホットビスケットなどに、ゆるめて料理のソースにも用います。

材料

りんご(紅玉)……………………5個

(皮と芯を除いて600g)

砂糖……………………………200g

(りんごの重さの約30%)

レモン汁………………………1個分

つくり方

①りんごは皮をむいて芯をとり、フードプロセッサーにかける(又はすりおろす)。

②鍋にりんごと砂糖を入れ、弱火で40分ほど煮る。

③仕上げにレモン汁を加えて2～3分煮、火を止める。 (澤田たか子)

アップルバター

アップルソースと同じ煮りんごのペーストです。ゆるめてソースに、お菓子に。また、ローストポークのつけ合わせにもなります。皮ごと煮れば薄いピンクのソースになります。

材料

りんご(紅玉)……………500～600g

グラニュー糖…………………………

(りんごの正味の重さの25～30%)

水(又はりんごジュース)…1カップ

ワイン…………1/3～1/2カップ

つくり方

①りんごは皮をむいて芯をとり、粗く刻んで、砂糖と分量の水(煮やすい程度の量)を加え、たえずかきまぜながら中火で15～20分煮る。

②ワインを加え、好みのかたさまで煮つめる。

③裏漉して仕上げる(フードプロセッサーでもよい)。

*好みでシナモンを加えてもよいでしょう。 (浜　明子)

左／皮ごと煮たアップルバター　右／皮なしで煮たアップルバター

アップルジェリー

りんごを皮ごと煮出して漉し、透き通った「ジェリー」をつくりましょう。パン、ホットビスケット、パンケーキのソースに、お菓子やクレープのフィリングに。

材料

りんご(紅玉)……………………1kg
水……………………4～5カップ
グラニュー糖……………………500g
(りんごの重さの50%)
レモン汁……………………大匙1～2

つくり方

①りんごはよく洗って、四つ割りか八つ割りにして、汚れたところや、色の悪いところをのぞく。皮、芯はそのまま使う。

②りんごと充分かぶる位の水を鍋に入れ、初めは強火、煮立ってからは中火にしてことこと1時間位煮出す(スープをとるように)。

③ざるに布巾をかけるか、又はさらしの袋に流し入れ、静かに漉して(しぼらず自然にしたみとる)、煮汁を鍋にとる。

④この漉した煮汁に砂糖、レモン汁を加えて$\frac{1}{3}$～$\frac{1}{4}$量になるまで煮つめる。まぜている木べらの先に液が玉になって残る位に。

*レモン汁の代わりにクエン酸小匙$\frac{1}{4}$を煮立っている中に加えてもよいでしょう。りんごの鮮度がもう一つというときや、果物のペクチンが少ないような場合に、気軽にクエン酸を利用します。

*残った果肉に砂糖を加えれば、即席のアップルソースになります。

(浜　明子)

●アップルジェリーを使って

ホットビスケット

焼きたてのビスケットに、バターやジェリーを添えます。

材料

薄力粉240g/ベーキングパウダー小匙3/塩小匙$\frac{1}{3}$/ショートニング(又は無塩バター・冷やしておく)50g/牛乳150cc

つくり方

①ボウルに粉、ベーキングパウダー、塩を合わせてふるい入れ、ショートニングを小豆粒大に切りこむ。

②冷たい牛乳を①がやっととまとまる位に加えてかるくこねる。

③1cm厚さにのばし、丸く型でぬくか、四角くナイフで切る。

④天板に並べ、上に牛乳を刷毛でぬり、200℃のオーブンで10～12分焼く。

(浜　明子)

干しりんごの甘煮

箱でとり寄せたりんごが、少ししなび始めたとき、何かいい加工の仕方はないかと、試してみたのが始まり。歯ごたえのある食感が特徴です。

材料

りんご（どの品種でもよい）……4個
砂糖……200g
（りんごの正味の重さの約30％）
レモン汁……2個分

つくり方

①りんごは皮をむいて縦四つ割りにし、さらに1切れを4枚に切り、16切れにする。
②風通しがよいように、間をあけてざるに並べ、1日日に当てて干す。
③干し上がったりんごを鍋に入れ、砂糖、レモン汁を加えて弱火にかけ、蓋をして約10分煮る。
④蓋をとって中火にし、出てくるあくをきれいにとり除く。
⑤一度、上下をやさしく返し、焦げないように火を弱めて、全体があめ色になるまで煮つめる。
＊トーストに添えるほか、手軽な市販の冷凍パイシートを使って、アップルパイにもしています。（齊藤　紘）

りんごのさっと煮

りんごの種類は紅玉に限らずなんでもよいでしょう。砂糖をぐっと減らして、形が残る位にさっと煮ます。ジャムのようにいただくのはもちろんですが、スイートポテトパイの中に入れてもおいしいものです。

材料

りんご……適宜
砂糖……（りんごの正味の重さの20％）
レモン汁……適宜

つくり方

①りんごはよく洗って、六〜八つ割りにして芯をとり、皮の色を生かすならそのまま、あるいはむいて幅1.5cm位に大きめに切る。
②鍋に入れて砂糖をまぶしてしばらくおく。しっとりしてきたら中火にかけ、木べらでかるくまぜながら、10分位で煮上げる。酸味が足りないときはレモン汁を加える。（編集部）

●干しりんごの甘煮を使って

かんたんアップルパイ

手早くつくれるパイ生地に干しりんごの甘煮を並べるだけです。

材料　15×25cm1枚

干しりんごの甘煮適宜
パイ生地■薄力粉100g／無塩バター60g／塩ひとつまみ／砂糖小匙1／冷水大匙2〜3

つくり方

①ボウルに薄力粉、塩、砂糖をふるい入れ、冷やしておいたバターをのせ、ナイフなどで小豆粒大に切りこむ。
②冷水を大匙1ずつふり入れながらまぜ、ざっとまざったらひとつにまとめる。生地を半分に切って重ね、かるく押える。これを3〜4回くり返してラップに包み、冷蔵庫で30分休ませる。
③打ち粉（強力粉）をして3mm厚さにのばす。好みの幅に切ってりんごをのせ、200℃のオーブンで約30分焼く。（編集部）

フルーツ漬け

生の果物とドライフルーツ、スパイスなどを砂糖と洋酒に漬けこんでねかせておくフルーツ漬け。お菓子を焼く人には欠かせないもので、毎年秋になるとクリスマスのフルーツケーキの準備が始まります。ここでは「ミンスミート」も含んで、3種類の〝フルーツ漬け〟を紹介します。それぞれ少しずつ使う材料の種類や配合が異なっています。

一番初めは、ホワイトリカーを使って、ごく簡単にできる、とてもおいしい「フルーツ漬け」です。

材料

りんご……2個
砂糖(赤砂糖)……200g
レモンピール・オレンジピールなど合わせて(みじん切り)……1/2カップ
レーズン・サルタナ・カレンズ……同量ずつ合わせて2カップ
ドレンチェリー(みじん切り)……1/2カップ
ホワイトリカー……1カップ
ブランデー……1/3カップ

つくり方

①りんごは芯をとって粗みじん切りにする(皮は気になるならむく)。
②鍋に入れ、砂糖を加えて火にかけ、煮立ったらレーズン類、ピール類をまぜ、火を止めてそのままおく。
③粗熱がとれたら、ホワイトリカーを加えて容器に詰め、ブランデーをふりかけて蓋をする。
＊5～7日後から使えますが、3か月位おくと味も香りもなれてきます。常温で1年は充分もちます。
＊ケーキに焼きこむときは、好みでラム酒やブランデーを適宜足します。

(浜　明子)

●フルーツ漬けを使って

フルーツケーキ

どなたにも好評のフルーツケーキ。フルーツ漬けをたっぷり入れたものは、低温でゆっくり焼きます。

材料

8.5×21×7cmのパウンド型2本分
薄力粉250g／ベーキングパウダー小匙1／塩小匙1/2／好みでスパイス(シナモン、クローブ、ナツメッグ、ジンジャー)適宜／無塩バター200g／砂糖200g／卵5個／フルーツ漬け400g～1kg

つくり方

①粉にベーキングパウダー、塩、スパイスを加えてふるう。
②ボウルにバターを入れ、砂糖を加えてクリーム状にすりまぜる。
③卵1個を加えてよくまぜ、後は①の粉と卵を4～5回に分け、最後は粉になるように交互に加えながら、木べらで艶が出るまでまぜる。
④フルーツ漬けを加えてよくよくまぜ合わせ、バター(分量外・又は紙を敷く)をぬった型に隙間のないように詰める。
⑤140～150℃のオーブンで1～1時間半位かけてゆっくりと焼く。
⑥オーブンから出してブランデー(分量外)をふりかけ、5～10分おいて型から出す。
＊冷めてから乾燥しないようにホイルなどで包んでおきます。

(浜　明子)

かんたんミンスミート

ミンスミートはクリスマスのフルーツケーキに欠かせない果物の洋酒漬けです。英国風の本格的なものには、下記のように牛脂を入れますが、これはもう少しやさしいつくり方です。パイやケーキのフィリングにもよいものです。

材料

りんご……3個
洋梨(缶詰でよい)……1個
オレンジ……1個
レモン……1個
レーズン……4カップ
ブラウンシュガー(又は赤砂糖)……1カップ
りんご酢……1カップ
オレンジジュース……1/3カップ
レモン汁……1/4カップ
シナモン……小匙1
ナツメッグ……小匙1/2
クローブ……小匙1/2
オールスパイス……小匙1/2
ブランデー・ラム酒……合わせて1/2カップ

奥／フルーツ漬け　手前／かんたんミンスミート

つくり方

①りんごと洋梨は皮と芯をとり、オレンジ、レモンはよく洗い、種を除いて、皮ごと粗みじんに切るかフードプロセッサーで粗く砕く。
②鍋に刻んだ果物とレーズン、砂糖、りんご酢、オレンジジュース、レモン汁を入れて火にかけ、30分位煮つめて火を止める。
③スパイスを加え、ブランデーとラム酒をふりかけ、蓋をして冷めるまでおき、容器に詰める。
＊フルーツケーキに使う場合は、これにピール、カレンズ、プルーン、杏、パイナップルなど、好みのドライフルーツ数種を加えます。
＊すぐ使えますが、1か月ほどねかせてからの方が、風味が出てよいでしょう。

（浜　明子）

英国風ミンスミート

牛脂（ケンネ）を入れる、英国に古くから伝わるミンスミートのつくり方です。フルーツだけのものに比べ、日保ちがしないので、涼しい所に保存し、2〜3か月で使いきります。

材料

牛脂(腎臓の周り・腰の脂肪)……300g
りんご……3個
レモン……2個
レーズン……2カップ
干しプルーン・干し杏……1カップ
カレンズ……2カップ
ピール・ドレンチェリー・干しパイナップル……1カップ
ブラウンシュガー……2カップ
ナツメッグ・ジンジャーパウダー……少々
ワイン(赤・白どちらでも)……1カップ
ブランデー……1/2カップ

つくり方

①牛脂は茹でてみじん切りにする。
②りんごは皮をむき、レモンと共にみじん切りにし、砂糖を加えてさっと煮る。
③ドライフルーツ類を加えてさっと加熱し、牛脂を入れてまぜる。
④スパイス、酒類をかけ、一晩おく。ときどきまぜながら、最低1か月はねかせる。

（浜　明子）

柚子のマーマレード

柚子は袋やわたなどの繊維が煮くずれやすいので、短時間でできます。オレンジや夏みかんとはまた違った品のよい、おつな味がします。

材料

柚子……300g（大3個）
グラニュー糖……300～450g
（柚子の重さの約100～150％）

つくり方

①柚子は半分に切り、種を除いて汁をしぼる。皮は白い部分を少し残しながら、ごく薄くそぐように細切りにし、3～4倍の水に5～6時間以上つけておく。残った果肉や袋、わたは細かく刻む。

②皮はつけ水ごと、その他の果肉、袋などと合わせて火にかけ、中火の弱で20～30分、皮が柔らかくなるまで、ときどきまぜながら煮る。

③果汁と砂糖を加え、とろりとするまで煮つめる。

（浜　明子）

●20頁もごらん下さい。

●柚子のマーマレードを使って

柚子のマーマレードシフォンケーキ

材料　シフォン型大（直径24cm）1個分（中なら2個分）

薄力粉240g／ベーキングパウダー小匙3／砂糖100g／水180cc／柚子のマーマレード200g／卵黄5個分／サラダ油1/2カップ／卵白8個分／ベーキングパウダー小匙1/4

つくり方

①卵を卵黄と卵白に分け、卵白は冷やしておく。

②ボウルに薄力粉とベーキングパウダーを合わせてふるい入れ、砂糖を加えてまぜる。

③マーマレードと水をフードプロセッサーにかけ、別のボウルに移して卵黄とサラダ油を加えまぜる。

④卵白をボウルに入れ、ベーキングパウダー小匙1/4を加えてかたく泡立てる。泡立て器ですくった泡の先がぴんと立つ位にできるとよい。

⑤②の粉の中央をすり鉢状にくぼませ、そこをめがけて③のたねを落としつつ、まわりの粉を徐々にくずしてまぜ、なめらかにする。

⑥これを④の泡立てた卵白にしずかに帯状に落としながら、やさしくまぜ合わせ、かるくて艶のある

柚子と柿のジャム

めずらしいとり合わせの和風ジャムです。

材料

柚子……………………小1個
柿（完熟）……………2個
（果肉のみ約2カップ・約400g）
砂糖……………………60g
（柿の果肉と柚子の重さの約15%）

つくり方

①柚子は皮を薄くむいてせん切りにし、果汁はしぼっておく。
②柿はへたを切り落とし、スプーンで果肉をとり出し、種はとり除く。
③鍋に柿の果肉を入れ、砂糖、柚子の皮としぼり汁を加えて弱火にかけ、木べらでまぜながら20～30分煮る。

（成瀬すみれ）

柚子の砂糖漬け

12月から1月にかけての完熟のものでつくるのが一番おいしく、火を通さないのに皮もとろけるほどです。ジャム代わりに、料理の添えに、熱い湯をそそいで柚子湯に。

材料

柚子……………………200g
砂糖……………………100g

つくり方

①柚子は輪切りにして種をとる。
②容器に柚子と砂糖を交互に入れ、一番上に多めの砂糖をふりかける。砂糖がとけたら、食べ始められる。

（成瀬すみれ）

たねに仕上げる。
⑦型（油はぬらない）に流し入れ、150℃のオーブンで50～60分焼く。
⑧オーブンから出し、型ごとさかさまにして冷ます。
⑨完全に冷めたら、ナイフ（あれば刃が薄く、長めのもの）を型と生地の間に差しこみ、型にそわせてはがすように切り離して出す。
＊粉砂糖をふったり、かるく泡立てた生クリームを添えて供します。

（浜　明子）

柚子のシロップ漬け

小粒の柚子を丸ごと甘煮にします。

材料

柚子……………………500g
シロップ
［砂糖…………（柚子の重さの約60%）
［水……………………約300cc

つくり方

①柚子はよく洗い、竹串で皮の表面にポツポツと穴をあけて茹で、水に浸しておく。苦みによっては、何回か水を換える。
②砂糖と水を煮立ててシロップをつくって冷ましておき、①の柚子をそっと漬けこむ。
③一晩おくと、やさしい甘みのシロップ漬けになる。

（編集部）

きんかん

すっきりした甘味とつよい香り、爽やかな果実。果皮にはビタミンCが100g中70mg、カロチンも含まれています。カルシウムは果皮に130mg、果肉に75mgと果物には珍しく多いのが特徴です。

きんかんの丸煮

甘さを含んだほろ苦さが料理の口取りに、お茶うけに喜ばれます。切り目を入れずに丸のまま、ふっくらと煮ます。

材料

きんかん……500g
水……3カップ
砂糖……250g
（きんかんの重さの50%）

つくり方

①きんかんはよく洗って、へたをとり除き、竹串でポツポツと穴を多めにあけ、たっぷりの水を加えて火にかけ、沸騰してから3分位茹でる。

②火を止めてそのまま冷ましてから、静かに水にとる。

③鍋に分量の水と砂糖を入れて煮とかし、きんかんを静かに入れ、紙蓋をして弱火で15分ほど煮含める。常に汁がかぶるようにして、保存する。

蜂蜜漬け

丸煮同様に穴をあけたきんかんを沸騰湯で5分ほど茹で、水に10分さらす。水けを拭いてから、たっぷりの蜂蜜に漬ける。

（成瀬すみれ）

きんかんの甘煮

切り目を入れて汁けがなくなる位まで、艶やかに煮つめたきんかん。ひと粒のお菓子として、どうぞ。

材料

きんかん……600g
砂糖……300g
（きんかんの重さの50%）

つくり方

①きんかんはよく洗って水けを拭き、へたをとり、上下を残して茶筅のように包丁の先で縦に切り目を入れる。

②鍋にたっぷりの湯をわかし、きん

かんを2~3分茹でて水にとる。種をとりたかったら、皮の切れ目から竹串などを使ってとり出す。
③食べてみて、ほどよい苦さであれば鍋に入れ（苦すぎると思えば1時間ほど水につけておく）、ひたひたの水と砂糖を加え、蓋を少しずらしてかけ、弱火で煮る。
④皮が柔らかくとろっとなり、余分な水分がなくなるまで煮る。
（澤田たか子）

きんかんの砂糖漬け

砂糖をまぶした半生菓子のような食感です。

材料

きんかん……………400g
砂糖……………150g
（きんかんの正味の重さの約40％）
水……………1/3カップ
グラニュー糖……………適宜

つくり方

①きんかんは皮をむき、縦半分に切って種と芯をとり、たっぷりの沸騰湯でさっと茹で、水にとる。
②鍋に砂糖と分量の水を入れて煮とかし、水けをとったきんかんを入れて、弱火でことことと煮ながら、水けをとばす。
③熱いうちにグラニュー糖をまぶす。
（成瀬すみれ）

きんかんのジャム

毎年冬になると、15kgもとれる庭のきんかんでつくります。

材料

きんかん……………1kg
砂糖……………
（きんかんの重さの50%~同量）

つくり方

①きんかんはへたをとり、計量してからよく洗う。
②たっぷりの水で15分煮て、茹でこぼし、新たにひたひたの水で20分煮る（圧力鍋では5分）。
③煮汁を別にして、裏漉しする。
④煮汁で砂糖を煮とかし、そのシロップで裏漉したきんかんをのばしながら煮る。シロップを加えると水分が多くなるが、木べらでまぜながらとろみがつくまで煮る。（村川協子）

人参

カロチンを豊富に含むビタミンAの供給源。お料理だけでなくケーキにも使われます。単独でジャムにする場合はレモン汁を加えて人参くささをやわらげ、味をひきしめます。

人参とオレンジのジャム

オレンジの皮のフルーティーな香りが加わり、さわやかな味のジャムになります。

材料

人参……正味400g（約3本）
オレンジの皮……1個分
グラニュー糖……240g
（材料の重さの約50%）
レモン汁……1個分

つくり方

①オレンジはよく洗って、縦四等分にして皮をむき、細いせん切りにする。皮にかぶる位の水を入れて火にかけ、二度茹でこぼす。
②人参は皮はむいて、細いせん切りにする（スライサーやフードプロセッサーを使うと早い）。
③鍋にオレンジの皮と人参と、砂糖、ひたひたの水を入れて強火にかけ、出てくるあくをていねいにとり除く。
④火を弱め、とろみがつくまで煮て、レモン汁を加え、ひと煮立ちしたらでき上がり。

（澤田たか子）

人参とりんごのジャム

ピュレにした人参とりんごを、キャラメルソースと合わせてこくのあるジャムに仕上げます。

材料

人参……正味300g（約2本分）
りんご……正味150g（1/2個分）
（酸味のあるもの）
レモン汁……1～2個分
水……ひたひた
ジンジャーパウダー……小匙1/2
（又はシナモン）
キャラメルソース
砂糖……250g（材料の重さの60%）
水……50cc

つくり方

①厚手鍋にそれぞれ皮をむいて乱切りにした人参、りんご、レモン汁、水を入れて火にかける。煮立ったら火を弱めてあくをとり、蓋をして弱火で柔らかくなるまで煮る。
②キャラメルソースをつくる。厚手の小鍋に砂糖と水を入れ、強火にかける。部分的にうっすらあめ色がついてきたら弱火にし、木べらでさっとかきまぜる。全体に薄く色づいてきたら素早く冷たいぬれ布巾の上におろして煮立ちを止める。
③①の人参が柔らかくなったら蓋をとり、強火で煮つめる。マッシャー（又はフードプロセッサー）でピュレ状にする。
④②のキャラメルソースと③のピュレを合わせて火にかけ、ジンジャーパウダーを加える。全体が煮とけて沸騰したら火を止める。
＊キャラメルソースに色をつけすぎると、ジャムに苦みが出ます。

（嶋田弥生）

オールシーズン

南の国からやってきた、色鮮やかなフルーツたち。だいぶ顔なじみのものも増えました。

ドライフルーツやナッツ類も少し手をかければ、料理やお菓子のおいしい主役になります。

パイナップルハネー

完熟のパイナップルでつくるピュレです。熱いトーストに、サワークリームとまぜてクレープのフィリングに、シュークリームに、アイスクリームにと、利用法はいろいろです。

材料

パイナップル（完熟）……………1個
（1.5kg・正味1kg）
グラニュー糖……………500g
（パイナップルの正味の重さの50％）

つくり方

①パイナップルは上下を切り、縦四つ割りにして芯をとり、皮をていねいにむく。

②粗く刻み（フードプロセッサーでもよい）、鍋に入れて砂糖をかけ、しばらくおいてなじませる。

③中火にかけ、木べらでまぜながら、とろりとなるまで弱火で煮つめる。途中、浮いてくるあくは除く。

パイナップルの蜂蜜漬け

生のパイナップルには酵素が含まれていますが、加熱するとすぐに壊れてしまいます。生のまま保存できるものとして、この蜂蜜漬けをご紹介します。保存は冷蔵庫で2か月。

生のパイナップルの果肉を細かく刻み、かぶる位の蜂蜜（りんご酢を適宜加えてもよい）に漬けておくと、そのままスプレッドとして、又、バーベキューや照り焼きなどの肉のマリネソースとして役立ちます。

（浜　明子）

●パイナップルハネーを使って

シフォンパイ

クラッカーを砕いてパイ皿にしきこむだけの、やさしくできるクラムパイ。流すフィリングはパイナップルハネーのほか、つぶした苺ジャム（17頁）でもよいでしょう。

材料　直径22cmパイ皿

クラムパイ■グラハムクラッカー（又はビスケット・砕いて）1½カップ／バター（とかして）50g

フィリング■パイナップルハネー¾カップ／ゼラチン大匙2／水½カップ／卵3個（卵黄と卵白に分ける）／生クリーム100cc

つくり方

①砕いたクラッカーととかしバターをよくまぜて型に敷き、冷蔵庫で冷やしておく。

②ゼラチンを水でしとらせ、湯煎でとかす。

③パイナップルハネーと卵黄をまぜ、とかしたゼラチン、かたく泡立てた卵白、8分立てに泡立てた生クリームを順に加えながら全体をよく合わせる。

④型に流しこみ、冷やし固める。

＊トッピングの生クリーム（分量外）は好みで。

（浜　明子）

パイナップルとりんごのミックスジャム

食べ頃の生パイナップルとりんごでつくります。タルトのフィリングや、生クリームとよく合うので、ロールケーキの中身などに。

材料

パイナップル（皮・芯つき）……700g
りんご（紅玉）……………1個
砂糖……………………350g
（材料の重さの約50％）
水……………………ひたひた
レモン汁…………………1～2個分
ベイリーフ……………………1枚

つくり方

①パイナップルは皮と芯をとり、粗く刻む。りんごは皮をむき、芯をとって薄切りに。
②浅鍋に砂糖以外の材料全てを入れ、火にかける。強火で煮立て、弱火にしてあくをとり、材料が柔らかくなるまで煮る。
③水分が90％位（九分九厘の意）なくなるまで煮つめる。
④砂糖を加え、煮とかす。火を強め、煮立ったらあくをとり、水分が殆どなくなるまで煮つめる。

（嶋田弥生）

バナナのジャム

安価なバナナをジャムにしておくとアイスクリームやケーキの種にまぜこんだり、ロールケーキのフィリングに、サンドイッチの具にするなど、展開がききます。

材料

バナナ……（皮つき4本分）約600g
レモン汁…………1～1½個分
水…………………100cc
グラニュー糖……………300g
（バナナの重さの45～50％）
ブランデー…………小匙2

つくり方

①バナナは皮をむいて筋をとり、変色しやすいので、手早くフォークでつぶすかごく薄い輪切りにし、浅鍋にレモン汁と水と共に入れて強火にかける。
②沸騰したらすぐ弱火にし、あくをとる。中火で、どろりととろみがつき、木べらで鍋底をまぜたとき、シュルシュルと音がするまで煮る。
③砂糖を加え、とけたら一度強火にしてから、弱火にしてあくをとる。ブランデーを加えて火からおろす。
＊焦げやすいので注意してください。

（嶋田弥生）

パパイアのピュレ

果物の甘いピュレをつくっておくと、ジャムとしても、デザートの材料としても使えます。

材料

パパイア（食べ頃のもの）……大2個
レモン汁……………½個分
砂糖………………大匙3～6

つくり方

①パパイアは縦二～四つ割りにして、スプーンで種をとり、果肉をこそげるようにとって、粗く刻む。
②鍋に材料全てを入れて弱火にかけ、水分が出てきたら中火にし、果肉を木べらなどでつぶしながら、水分がなくなるまで煮つめる。
＊ピュレにする果物はパパイア以外でもよく、りんご、桃、洋梨、杏などでどうぞ。

（嶋田弥生）

●パパイアのピュレを使って

パパイアのスフレ

パパイアでつくりましたが、ほかのフルーツのピュレでもかまいません。

材料　150cc入りスフレ型6個分

パパイアのピュレ大匙6／卵白3個分／塩ひとつまみ（又はレモン汁小匙1）
カスタードクリーム■牛乳250cc強／コーンスターチ大匙2½／キルシュ大匙1／卵黄3個分

つくり方

①カスタードクリームをつくる。小鍋に牛乳を入れて火にかけ、熱くなったら同量の水でといたコーンスターチを加え、泡立て器でまぜ、とろみがついたら30秒～1分煮、弱火にして泡立て器でかきまぜながら卵黄をまぜ、すぐ火からおろし、キルシュを加える。
②別ボウルにあけて、ぬれ布巾をかけておく。
③スフレをつくる。天板に水をはり、くしゃくしゃにしたホイルを沈めて直火にかけておく。
④パパイアのピュレとカスタードクリームを泡立て器でまぜる。
⑤卵白に塩ひとつまみを入れてメレンゲをつくる。
⑥④に⑤を3回位に分けて、泡をつぶさないようにまぜる。
⑦バター（分量外）をぬった型に、たねを7～8分目の高さまで流し入れる。
⑧③の天板に並べ、2分位直火で温め、型がやや温まったら、180℃のオーブンの中段に入れる。
⑨15分位して膨らみ、表面にうっすら焼き色がつき始めたら、160℃に下げ、更に5～7分焼く。表面が乾いてきたらでき上がり。
＊スフレはあっと言う間にしぼみますから、でき上がったらすぐ供します。

（嶋田弥生）

マンゴーのチャツネ

チャツネはカレーの調味料や薬味として、またトマトソースやビーフシチューなどの酸味の中和と、味を複雑にする役割をします。りんご、パパイア、桃、トマト、バナナなどでもできます。

材料　でき上がり3カップ分

メキシカンマンゴー…2個（370g）
（生食には少し早い位のもの）
玉葱（薄切り）………………1個
生姜（みじん切り）………大匙山1
A ワインビネガー………1カップ
A トマトジュース………1カップ
A 赤ざらめ…………1/2カップ
A 塩…………小匙2〜3
A 青唐辛子（種をとりみじん切り）…
…………2本
B ナツメッグ………小匙1
B クローブ………小匙1/4

つくり方

①マンゴーは皮をむいて細かく刻み、種の周りの果肉もこそげとる。

②鍋にAの材料を入れて強火にかけ、沸騰後弱火にしてあくをとり、Bを加えて蓋をし、40分〜1時間、材料が柔らかくなるまで煮る。

③蓋をとり、材料を木べらでつぶしながら、中火でかるくとろみを感じる位に煮つめる。

（嶋田弥生）

奥／りんごのチャツネ　手前／マンゴーのチャツネ

りんごのチャツネ

用途もつくり方もはマンゴーチャツネと殆ど同じです。その他にピッツアの生地にぬって具をのせる、ハッシュドビーフや麻婆豆腐のかくし味などに。

材料

りんご（紅玉）…………3個
（皮をむいて薄切り）
白ワインビネガー………300cc
白ワイン…………100cc
玉葱（薄切り）…………1個
茄子（皮をむいて薄切り）……小2個
干しプルーン…………5個
（種ぬき・みじん切り）
赤ざらめ（又は砂糖）……1/2カップ
塩…………大匙1
タバスコ…………少々

つくり方

①材料全てを強火で煮立て、弱火にしてあくをとり、蓋をして柔らかくなるまで40分ほど煮る。

②蓋をとり、木べらでつぶしながら、かるくとろみを感じるまで強火で煮つめる。

（嶋田弥生）

●チャツネを使って

ガスパチョ

スペイン、アンダルシア地方の有名な夏野菜の冷たいスープ。

材料　4人分

トマト3個／にんにく小1片／玉葱1/2個／エシャロット1個／赤ピーマン1個／胡瓜1本／バジル（生）少々／A［塩、胡椒各少々／チリペッパー少々／ワインビネガー大匙1 1/2／チャツネ適宜（ない時は砂糖少々）／レモン汁少々］／オリーブ油大匙1〜3／食パン1枚／氷少々

つくり方

①トマトは皮と種をとって乱切り、にんにく、玉葱、エシャロットは薄切りにしてまぜ、Aを加えて30分位冷やしておく。

②食卓に出す直前に、種をとり粗く切った胡瓜と赤ピーマン、バジル、水と耳を除いた食パンを、氷とともにミキサーにかけ、漉す。

③オリーブ油、塩、胡椒で味をととのえ、濃ければ水少々で調整し、冷やした器に入れる。

（嶋田弥生）

干しプルーンの赤ワイン煮

大人向きのデザートに最適。また料理にもよく合うのでつくりおきしておくと便利です。

材料

干しプルーン（種ぬき）……………300g
赤ワイン……………………………500cc
グラニュー糖………………………70g
レモンの皮（黄色の部分を3×6cm位に削ぎとる）

つくり方

①鍋に干しプルーンを入れ、赤ワインをそそいで30分ほどおく。

②グラニュー糖とレモンの皮を加え、沸騰するまで強火、あとは弱火にして、少し煮汁が残る位に30分煮る。

（秋元摩那）

干しプルーンのレモン煮

ワイン煮とはまた違ったさわやかな口当たりです。

つくり方

①干しプルーン500gはさっと洗い、ひたひたの水と共に鍋に入れて火にかける。煮立ったら一度茹でこぼす。

②再び鍋に入れ、ひたひたの水、レモン汁50～80ccを加えて中火にかけ、煮立ったら弱火にし、汁が1/3になるまで煮含める。

（谷口比奈）

●干しプルーンの赤ワイン煮を使って

プルーンの豚肉巻き

プルーンの甘酸っぱさとワインの香りが豚肉料理をひき立てます。

材料

豚肉薄切り300g／人参30g／セロリ（人参とセロリのピクルスでもよい）40g／干しプルーンの赤ワイン煮4個／塩、胡椒各少々／サラダ油適宜／トマトソース適宜

つくり方

①人参とセロリはせん切りにしてかるく茹で、プルーンは粗く刻んでおく。

②豚肉をかるくたたきのばして塩、胡椒し、肉の端にプルーンを薄くのばし、人参、セロリをのせてくるくると巻く。

③油をひいたフライパンに、巻き終わりを下にして入れ、転がしながら焼く。

④皿にトマトソースを敷いて盛りつける。

＊かんたんトマトソース　オリーブ油とにんにくを熱して香りを移し、にんにくをとり出してトマトの水煮をつぶして加え、塩、胡椒をして少し煮つめて漉します。

（秋元摩那）

干し杏の白ワイン煮

白ワインが少し残ったときにつくっておくと、料理のあしらいやデザート代わりに重宝します。

材料

干し杏……………………100g
白ワイン……………………200cc
グラニュー糖………………40g

つくり方

①鍋に干し杏を入れ、白ワインをそそいで30分ほどおく。
②グラニュー糖を加えて火にかけ、沸騰するまで強火、あとは弱火にして20分ほど煮る。少し煮汁が残る位で火を止める。

（秋元摩那）

干し杏のジャム

ホワイトリカーに漬けた干し杏は、生の杏でつくったものとは違う、すっきりとした味のジャムになります。

材料

干し杏………………………200g
ホワイトリカー……………1/2カップ
砂糖…………………………150g
水……………………………1カップ

つくり方

①干し杏は2〜3日ホワイトリカーに漬けておく（柔らかいものなら30分位でもよい）。
②漬け汁をきって、粗く刻むかフードプロセッサーにかける。鍋に杏、砂糖、漬け汁、漬け汁と同量の水を加え、中火で柔らかく煮る。

＊さらによくつぶしてソースに。レアチーズケーキやアイスクリームにかけてもおいしいものです。
＊ほかの素材（ルバーブ、人参、南瓜、ラズベリーなど）と合わせてミックスジャムにしてもよいでしょう。
＊ケーキや、パイのフィリングにもなります。

（浜　明子）

ピーナッツペースト

このペーストからピーナッツバターや和え衣などに展開できます。

材料

ピーナッツ（煎ったもの）…正味300g（殻つき450g）
サラダ油……………大匙3～4

つくり方

①皮をむいたピーナッツをフードプロセッサーで刻む。
②ある程度細かくなって油が出、中身が動かなくなったら、サラダ油を加え、さらにすりまぜる。
＊塩は好みで加えます。
＊すり鉢ですると、もっと滑らかにできますが、時間はかかります。
＊このペーストに味噌をまぜると、いろいろな和え衣やソースとして活躍します。（嶋田弥生）

ピーナッツバター

ピーナッツペーストにシロップを加えて甘味をつけます。

材料

ピーナッツペースト……………100g
シロップ
　水……………50cc
　砂糖（赤ざらめ）…………1/2カップ
　塩……………小匙1/4
ココナッツミルクパウダー…大匙3
（又はココナッツミルク）

つくり方

①鍋にシロップ用の材料を入れ、中火にかける。
②煮立ったらごく弱火にしてココナッツパウダーを入れ、泡立て器でまぜ、とかす。
③最後にピーナッツペーストを入れてまぜ、火を止める。
＊ココナッツパウダーを加えるとこくが出ますが、ない場合は入れなくてもかまいません。（嶋田弥生）

●ピーナッツバターを使って

ピーナッツバタークッキー

ピーナッツバターをまぜこんだソフトタイプのクッキーです。

材料　直径7～8cm　10枚分

薄力粉100g／ベーキングパウダー小匙1/3／重曹小匙1/4／塩ひとつまみ／バター（室温にもどす）70g／ピーナッツバター80g／赤砂糖（ピーナッツバターの甘みによって加減する）80g／卵1個

つくり方

①粉、ベーキングパウダー、重曹、塩を合わせてふるっておく。
②ボウルにバター、ピーナッツバター、砂糖を入れ、クリーム状になるまでまぜ、とき卵（1/3ほどを照り用にとりおく）を加えてさらにまぜ、①の粉を加え、粉が見えなくなるまで木べらでまぜる。
③ラップで包み、冷蔵庫で1時間ほど休ませる。
④たねを30gずつに丸め、麺棒で直径5～6cmにのばし、フォークなどで飾りのふちどりをして照りをぬり、間隔をあけて天板に並べ、180℃のオーブンで12～13分焼く。
＊写真のクッキーには照りをぬってから、刻みピーナッツを散らしました。（田代昭子）

胡麻ペースト

味をつけない胡麻のペーストをつくっておき、随時甘いバターや胡麻味噌などにします。

材料

胡麻（白・黒どちらでも）……300g
サラダ油……大匙2

つくり方

①胡麻を焦がさないように煎る。
②フードプロセッサーに胡麻を入れて粉砕する。
③ある程度細かくなり、中身が動かなくなったら、油を加えて均一になるまですりまぜる。（嶋田弥生）

甘い胡麻のバター

パンにぬるほか、胡麻プリンや胡麻ケーキの素にもなります。

材料

胡麻ペースト……100g
砂糖……1/2カップ
水……50cc

つくり方

①鍋に砂糖、水を入れ、弱火で煮とかす。
②胡麻ペーストを加えてまぜ、熱くなればでき上がり。
＊必要なら、冷めてからサラダ油を適量加え、濃度を調節する。
（嶋田弥生）

●胡麻ペーストを使って

黒胡麻プリン

健康によいと、注目されている胡麻のペーストを使ったプリン。甘みをつけた胡麻バターを使った場合は、砂糖を控えます。

材料

胡麻ペースト（黒）大匙2～3／グラニュー糖大匙3／牛乳200cc／粉ゼラチン小匙2／水大匙2／生クリーム50cc

つくり方

①ゼラチンを水でしめらせておく。
②鍋に胡麻ペーストとグラニュー糖を入れ、牛乳を少しずつ加えてときのばし、火にかけて砂糖を煮とかす。
③火を止め、ゼラチンを加えてとかし、ボウルに移して氷水に当て、まぜながら冷やす。
④生クリームをとろみがつく位にかき立てて③に加えてまぜ、器に流して冷蔵庫で冷やし固める。
＊黒蜜をかけてもおいしいものです。好みでどうぞ。（田代昭子）

砂糖とペクチンと酸

川端晶子

砂糖の性質・効用・種類

私たちがときどき甘いものを欲するのは、砂糖が疲労回復に役立つからです。疲れは、エネルギーを使いすぎて、肝臓に貯えてあったグリコーゲンがなくなり、血糖値がひどく低下したときにおきます。砂糖は消化吸収がよく、摂取して数分で血糖値が上がるので、疲労が早く回復します。

砂糖の分類とそれぞれの性質と使い方

砂糖には多くの種類がありますが、製造工程から図1に示すように5つの系統に、まとめることができます。

図1　砂糖の分類

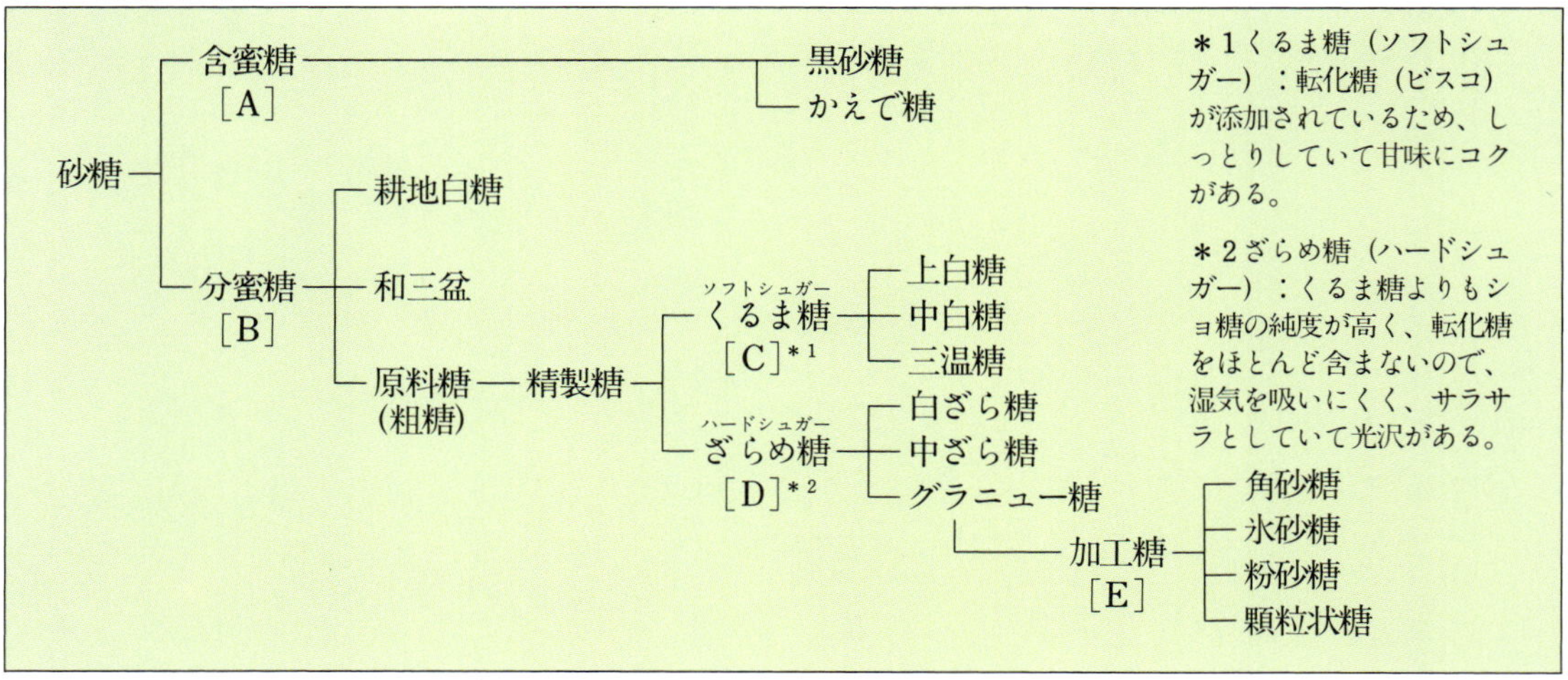

表1　砂糖の調理的な性質

	調理機能	利用例
呈味性	①甘味を付与し、食材の持ち味を生かす ②塩味、酸味、苦味の抑制効果	調理一般 コーヒーに砂糖
保水性	①糊化でんぷんの老化を遅らせる ②乾燥を防止し、品質の低下を防ぐ ③香気成分を保つ	カステラ ケーキ類 求肥
抗酸化性	①共存する油脂の酸化を防ぐ ②調理品の色、香り、アスコルビン酸の保持	クッキー　バターケーキ類
防腐作用	①浸透圧 ②微生物の発育を抑える	砂糖漬け　シロップ煮　ジャムなど
物性の変化	①粘りやつやを出す ②ゲル強度を高める ③結晶をつくる	きんとん 寒天 ゼラチンゼリー あめ細工 ボンボン
たんぱく質への作用	①卵白の泡を安定させる ②熱凝固を遅らせ、軟らかに固める ③アミノ酸と融合し、よい色と香りを出す	メレンゲ 卵焼き プディング スポンジケーキ 照り焼き
炭水化物への作用	①でんぷんの老化を遅らせる ②ペクチンのゲル形成	羊羹　求肥 ジャム マーマレード
着色・着香作用	①ショ糖を高温で加熱すると茶褐色のカラメルになり、粘度と特有の香りを生じる	カラメルソース 着色料

砂糖の調理的なはたらき

砂糖は甘味料としてだけではなく、さまざまな特徴を生かして各種の調理や食品加工に使われていますが、調理的な性質をまとめて表1に示しました。とくにジャムには必要な砂糖の保水性と防腐作用に注目しましょう。

大量の砂糖を加えてつくったジャムや砂糖煮は生の果実に比べて腐りにくい性質をもっています。

食品中の水分には自由水と結合水があり、この水の割合を水分活性（数値の大きい方が自由水が多い）といいますが、保水性の高い砂糖を加えれば加えるほど、食品中の自由水が砂糖に強く引きつけられて結合水に変わり、腐敗菌が増殖しにくくなります。

また、果物の生きた細胞は「半透膜」とよばれる特殊な膜に包まれています。この膜の両側に濃度の異なる2種類の液体があった場合、濃度の低い液体から高い液体へと水を通過させる性質をもっています。膜の両側にある液体の濃度差によって生じる圧力を「浸透圧」とよんでいます。

果物に砂糖をまぶしてしばらくおくと、果物がもっている水分が引き出される「脱水現象」が起こりますが、これが細胞膜の魔術ともいえる「浸透圧」によるものです。

砂糖の生理的なはたらき

——甘味の効用＝エネルギー源・満足感・記憶力の調節——

人間が最初に感じる味覚は甘味だといわれています。人が生まれて初めて口にする母乳には、乳糖という甘い成分が含まれています。赤ちゃんに砂糖水を与えるとにっこりほほ笑みます。また、成長期の子どもが甘いものを好み、私たちが疲れたときに甘いものがほし

表3　果物の種類とペクチン・酸含量

種　類	ペクチン	酸
りんご レモン オレンジ	多 1.0%内外	多 0.8～1.2%
いちじく 桃 バナナ	多 1.0%内外	少 0.1%
苺 杏	少 0.5%以下	多 1.0%
ぶどう りんご びわ	中 0.7%内外	中 0.4%
梨 柿 桃（熟）	少 0.5%以下	少 0.1%

表2　果物の熟度とペクチン類の変化

	果肉の性質	ペクチン類の特性			
		種　類	分子の大きさ	溶解性	ゲル化の特性
未熟	非常に硬い	プロトペクチン	非常に大きい	水に溶けない	×ゲル化しない
成熟	適度な硬さ	ペクチン	分子量：20～40万	水に溶ける	○糖と酸のバランスでゲル化する
過熟	軟らかい	ペクチン酸	小さい	水に溶けない	×ゲル化しない

くなるのも、甘味がエネルギー源としての糖のシグナルだからです。

また、私たちは、デザートに甘い食べものを供する習慣がありますが、これは、甘味が生理的・精神的に満足感を与え、食事の締めくくりとしての役割をもっているからです。

砂糖の生理的役割

砂糖は蔗糖でできており、ブドウ糖と果糖からなっています。ブドウ糖はそのまま血液中に吸収され、エネルギー源となりますが、果糖は肝臓でブドウ糖に転換されてから利用されます。このブドウ糖を唯一のエネルギー源とする臓器が脳です。脳の重さは体重のわずか2％にすぎませんが、脳が使用するエネルギーは摂取エネルギーの18％にも達します。ブドウ糖の供給によって、人間の記憶力は増し、持続するといわれています。血液中の適度な糖濃度が注意力や忍耐力を維持するのに必要であり、また、ブドウ糖の供給が増加するとアセチルコリン（神経活性物質）の生成が高まり、これが記憶の調節に重要な役割をはたすことも報告されています。

また砂糖はわずか数分で体内に吸収される即効性があるということで、緊急時や運動する際のエネルギー源としても非常に有効なものです。ただし、体内でブドウ糖が酵素と反応（燃焼）してエネルギーになるときは、ビタミンB_1が不可欠であり、砂糖だけではビタミンB_1を含まないので注意することが必要です。

ペクチンとは

フランスのアンリ・ブラコノ氏が、果汁に糖と酸（レモン）を加えて煮つめるとゼリー状の物質を生じることをつきとめ、この成分にギリシャ語のペクトスから、ペクチンと名づけたのは一八二五年でした。

ペクチンは果物の熟し加減と密接な関係があります。未熟な果物にはプロトペクチンという成分が含まれていますが、これは水に溶けずジャムには役立ちません。また熟し過ぎると今度は、ペクチンがペクチン酸となり、ゼリー化する力がなくなります。ちょうど食べ頃の果物は、ペクチンが多く含まれているといえます（表2表3参照）。

ペクチンと糖度の関係

熟した果物にはブドウ糖、果糖、蔗糖などの糖類が含まれていて甘味の主体となっています。果物に含まれる糖の量は約6～12％で、ゼリー化に必要な糖は加えなければなりません。ジャムの高糖度とは65％以上、中糖度とは55％以上65％未満、低糖度とは40％以上55％未満といわれています。図2に糖度とかたさの関係を示しました。

図4　家庭でできるペクチンのとり方

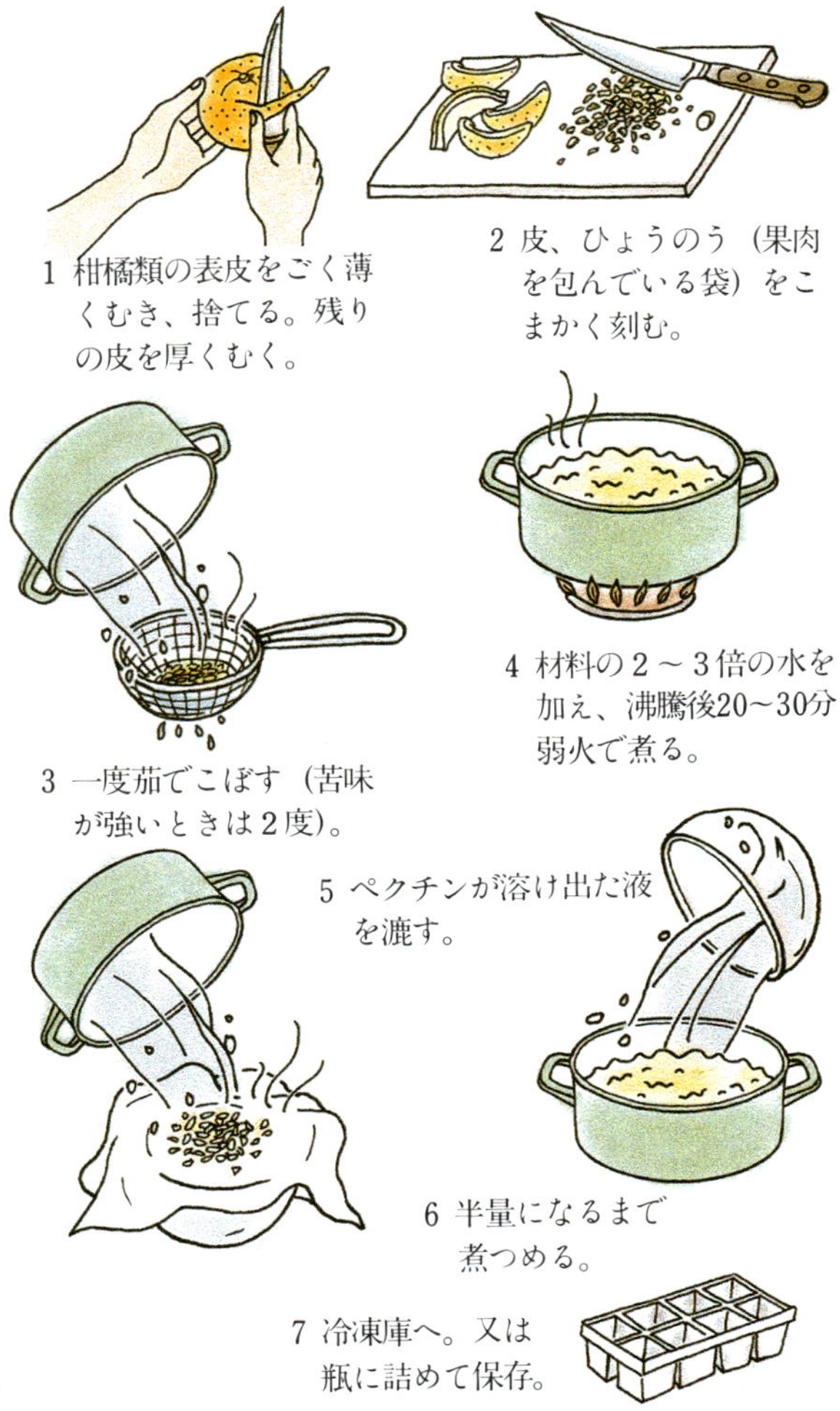
1 柑橘類の表皮をごく薄くむき、捨てる。残りの皮を厚くむく。
2 皮、ひょうのう（果肉を包んでいる袋）をこまかく刻む。
3 一度茹でこぼす（苦味が強いときは2度）。
4 材料の2～3倍の水を加え、沸騰後20～30分弱火で煮る。
5 ペクチンが溶け出た液を漉す。
6 半量になるまで煮つめる。
7 冷凍庫へ。又は瓶に詰めて保存。

図2　糖度とかたさの関係

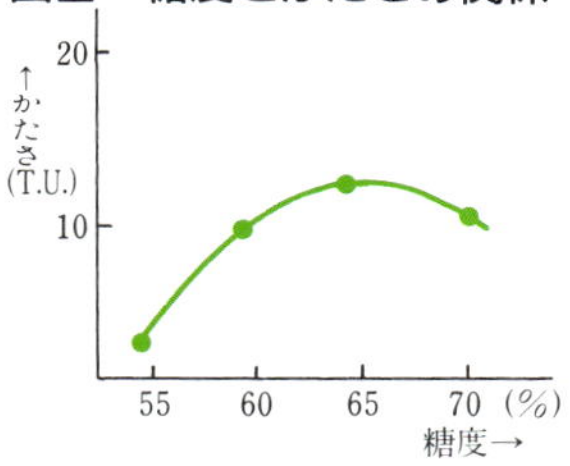
↑かたさ(T.U.)
20
10
55
60
65
70 (%)
糖度→

図3　pHとかたさの関係

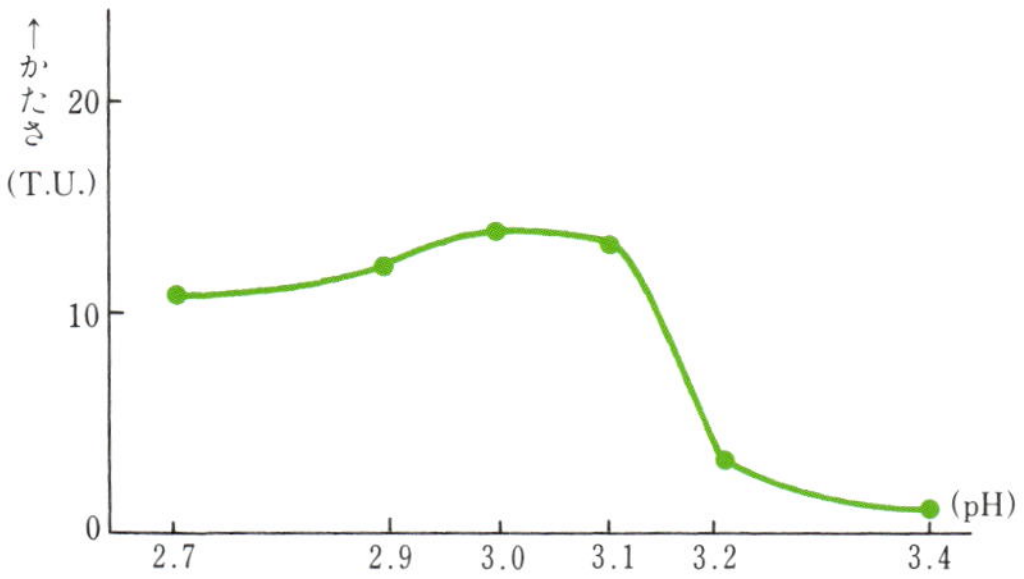
↑かたさ
(T.U.)
20
10
0
2.7
2.9
3.0
3.1
3.2
3.4
(pH)

糖度が低くなれば軟らかいジャムになるので、必要ならペクチンを加えるとよいでしょう。

砂糖の含有量を百分率で表したものを糖度といいます。この本では材料に対して砂糖を加える割合をパーセントで表しましたが、これはあくまでもつくるときの目安で、でき上がりの糖度ではありません。加える砂糖の量が同じでも、煮つめる時間によって糖度にかなりの差が出ます。

もともと果物には、りんご13%、ぶどう10～15%というように糖分が含まれていますが、それだけではペクチンと酸のバランスを保てる量ではありません。砂糖をたくさん入れ、よく煮つめるほどジャムはどろりとなると思われがちですが、これは砂糖が煮つまって飴に近くなるのであって、ペクチンで濃度を出すジャムとは違います。砂糖を控えめにしてペクチン質でとろみを出す場合、図2で示す通り、標準的なペクチンと酸の割合配合では、糖度65%で一番とろみが強くなり、それより多くても少なくてもジャムはゆるくなります。

ペクチンと酸

果物に含まれる有機酸の大部分はクエン酸とリンゴ酸です。未熟の果物には酸が多く、成熟するにしたがって減少します。ゼリー化には酸の種類ではなく、でき上がったゼリーのpH（pH《ピーエイチ》・水素イオン指数）が関係しています（図3）。pHが2.9～3.2ぐらいのときがゼリー化に最も適しています。

ジャム類は酸味があるからこそおいしく、酸味の少ないものは風味が落ちるだけでなく、とろみも少なくなります。いちじく、桃など、酸味の少ない果物を甘煮にするときにレモン汁を加えるのは、香りの他にとろみをつけるためもあります。また酸によってpHを調節することにより、苺やりんごは美しい色に仕上がります。

果実酒 つくり方のこつ

旬の新鮮な素材で

甘煮と同様、素材は旬のものを。果実なら、熟す前の、やや固めのものがよく、粒がそろった新鮮なものを用います。熟れすぎのもの、傷のあるものを使うと、でき上がった果実酒が濁ります。材料はよく水洗いし、ていねいに水けをとります。

果実は苺、夏みかん、レモン、梅、杏、チェリーなどのほか、香りのよい野菜や薬用植物も漬けることができます。

容器・アルコール・砂糖

容器は密封できる広口瓶。汚れや水けがついていると、かびの原因になりますので、よく洗って天日で乾かしたものを使います。その後アルコールで拭くか、ホワイトリカーを少量入れて蓋を閉め、ゆすってすすぐかをすれば、なお安心です。ホワイトリカーは捨て、アルコール分をとばしてから使います。

漬けこむアルコールは、ふつう焼酎で、35度のホワイトリカーが一般的です。

砂糖は純度の高い氷砂糖、グラニュー糖を用いますが、好みで黒砂糖や蜂蜜を使っても大丈夫です。

漬けたあとは?

時がたつほど、まろやかに、おいしくなりますから、漬けてから1年間はねかせたいものです。保管場所は、直射日光の当たらない冷暗所が向いています。冷蔵庫に入れる必要はありませんが、家の中で一番温度変化の少ない所へおきます。

漬けた果実は?

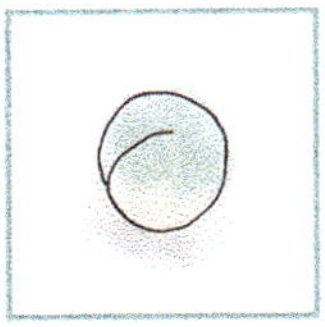

果実類のエキスがすべて酒の中に出て、脱色したら、とり出す時期です。二重にしたガーゼで液を漉して、再び瓶に戻します。ジャム類と同じように、内容名とつくった日付を書いたラベルをはりましょう。とり出した果実は、ジャムや砂糖煮、ゼリー、お菓子の材料に使うことができます。

飲むとき

ストレートでも、水や炭酸水で割ってもよく、また、カクテル、フルーツパンチ、ゼリー、ケーキの香りづけに利用できます。酸味が少ないものには、レモンの薄切りやレモン酒を加えるとよいでしょう。

家庭で果実酒をつくるときの注意

一般に果実酒とよばれているものは、焼酎などの蒸留酒に果実と砂糖を漬けこみ、アルコールと糖分の浸透作用で、果実の味、香り、色を浸出させてつくったものです。

次のことが酒税法で定められています。ぶどうや穀類でつくってはならない。アルコール分20度未満の酒類を使ってはいけない。アルコール分が1度以上発酵するようなつくり方をしてはいけない。個人が家庭で楽しむ以外、酒はつくってはいけない（頒布を目的としないこと）。

（安田修子）

ジャムと甘煮のQ&A

Q　梅の煮汁でつや布巾ができるそうですが、どのようにするのですか？

A　梅ジャムなどをつくる途中の梅の茹で汁で、布を10～15分煮て乾かします。庭になった梅で、梅酒や梅干しには使えない虫食いや傷のあるもの、形がわるい梅を使います。布はさらしやガーゼの手拭き、手ぬぐい、タオル、シーツなどが向いています。この布巾で食器、道具、家具、ガラスなどを拭くと、ふしぎなほどつやがでます。

Q　ジャムや甘煮をつくるときにでる、果物の皮や芯などの利用法がありますか？

A　果物のため酢といっているものをご紹介します。りんご、柿、桃、プラムなどの、皮や芯をためておきます。瓶に皮や芯を入れ、ひたひたの水を加え、栓をして、風通しのよい所（夏なら冷蔵庫の野菜入れなどに）におくと、夏で3～4日、冬なら1～2週間で発酵し、泡が出てきます。皮や芯をとり出し、また新しいものを加えます。これを3～4回くり返して、もとになる液をつくります。

この液を鍋に入れ、65～70℃の低温で10～15分煮て殺菌します。できるだけ純粋な酢（米酢など）を用意し、前の液と酢を同量合わせてかめか瓶に入れ、かるく布か紙で蓋をしておくと、表面に白い酢酸菌がつきます。はじめは濁っていますが、2～3日で沈澱し、澄んできて、酢として使えるようになります。

2度目からは、この酢として完成したものを原料にしてつくります。くり返し、くり返し、1年中自家製の酢をたのしむことができます。

また果物の種をホワイトリカーにつけておいて、ケーキや飲みものの香りづけに利用します。梅、杏、さくらんぼ、りんご、それぞれの香りを楽しめます。

（浜　明子）

Q　クエン酸とはどういうものですか？

A　果実の中でも、レモンやだいだいなどの柑橘類に多く含まれる有機酸で強い酸味をもっています。果汁から抽出された粉末状のものが市販されています。レモン汁大匙1杯の代わりなら、クエン酸は小匙1/4杯位を少量の水でといて用います。デパートの香辛料・製菓材料売場で扱っています。

Q　酒石酸とはどういうものですか？

A　特にぶどう果汁に多く含まれています。ジャムなどの酸味の補いに有効で、すっきりした味になります。クエン酸やレモン汁でも代用できます。水溶液（小匙1/5を水大匙1でとく）にして小瓶に入れておき、一滴ずつ加減を見ながら使います。クリーム・オブ・タータという表示で、香辛料や製菓材料売り場にあります。

Q　庭に渋柿の木がありますが、渋ぬきはどうすればよいのでしょうか？

A　ホワイトリカーを使って　ダンボール箱の中にビニールをしいておきます。渋柿のへたにホワイトリカーをつけ、柿にきずがつかないよう、へたとへたを合わせながら、箱に詰めます。全部詰め終わったら、霧ふきでホワイトリカーを吹きつけ、ビニールをかぶせて蓋をします。渋のこい柿でも10日位でぬけています。柿が少ないときは、薄手のビニールの風呂敷に包んでおくだけでも大丈夫です。

A　湯ぬき　柿に傷をつけないようにしてポリ袋に入れ、口をキュッとしばり、熱めの湯に一晩つけておきます。お湯から上げたらすぐ袋から出して冷めたい水をかけます。これで渋はぬけているはずですが、まだぬけていなかったら、また少しの間、ぬるま湯につけます。

素材別索引　（ジャム・甘煮類・果実酒のみ）

コンポート・甘煮・砂糖漬け

果実酒

ピール・フルーツ漬け・チャツネ

その他

加工別索引

ジャム・マーマレード

ペースト・バター

ソース・ピュレ・ジェリー

シロップ・ジュース

●この本に協力して下さった方々

川端晶子
澤田たか子
嶋田弥生
成瀬すみれ
浜　明子
秋元摩那
石田エルザ
伊藤敬子
伊藤テル子
臼井玲子
遠藤　操
小田原友の会
赤星マサ子
河田幸子
黒田洋子
齊藤　紘
田代昭子
田中美恵子
谷口比奈
堤　勝雄
長野友の会
深沢トシ
福地道子
裵　芝薫
増田久い
三宅信子
宮之原敏恵
村川協子
安田修子

●装幀・デザイン
林忠
●撮影
原　務
●イラスト
趙　恵淳

わたしの保存食
四季のジャムと甘煮

2001年10月５日第１刷発行
2020年６月30日第20刷発行

編者　婦人之友社編集部
発行所　婦人之友社
〒171-8510　東京都豊島区西池袋2-20-16
電話　(03)3971-0101
振替　00130-5-11600
印刷　株式会社東京印書館
製本　株式会社若林製本工場
●乱丁・落丁はおとりかえいたします。